Educação, Ciência e Espiritualidade

P. Krishna

EDUCAÇÃO, CIÊNCIA E ESPIRITUALIDADE

Editora Teosófica
Brasília - DF

The Theosophical Publishing House
Adyar, Madras, 600 020, Índia

Direitos Reservados à
EDITORA TEOSÓFICA
SGAS Quadra 603, Conj. E s/nº
70.200-630 - Brasília-DF - Brasil
Tel.: (61) 3322.7843
Fax: (61) 3226.3703
E-mail: editorateosofica@editorateosofica.com.br
Site: www.editorateosofica.com.br

K89 Krishna, P.

Educação, ciência e espitualidade
Editora Teosófica-Brasília, 2013.

Tradução de: Education, science and spirituality

ISBN 978-85-7922-093-7
I. Espiritualidade
II. Título

CDD 141

Tradução: Edvaldo Batista de Souza
Revisão:
Zeneida Cereja da Silva
Diagramação: Reginaldo Mesquita
Capa: Francisco Régis Ferreira Lopes
Impressão: Grafika Papel e Cores
pepelecores@gmail.com

Sumário

Capítulo I - Podemos criar uma mutação na consciência e produzir uma nova cultura 7

Parte 1: A busca científica e espiritual 9
Parte 2: Criando bondade, conhecimento e poder.........27
Parte 3: Perguntas e respostas 37

Capítulo II - Qual a Educação certa em meio aos desafios do mundo atual?..............................45

Parte 1: Educação para uma sociedade melhor 47
Parte 2: O que ensinaremos? 59
Parte 3: Perguntas e respostas.................................75

Capítulo III - Nosso relacionamento com o mundo . 103

Parte 1: O mundo e 'eu' 105
Parte 2: Nosso relacionamento com a sociedade 131
Parte 3: Nosso relacionamento com os seres humanos nossos irmãos 145
Parte 4: O relacionamento consigo mesmo 159
Parte 5: Perguntas e respostas................................ 171

Capítulo I

Podemos criar uma mutação na consciência e produzir uma nova cultura?

Palestra ministrada na Universidade da Califórnia,
Santa Bárbara
em 03 de abril de 1993

PARTE 1

A busca científica e espiritual

Vamos considerar uma questão séria com que se defronta nosso mundo atualmente e que deveria ser de grande preocupação para todas as pessoas que estejam seriamente interessadas no bem-estar da humanidade, que é a seguinte: Por que será que apesar de tanto progresso em ciência e tecnologia, de tantas instituições de educação e ensino superior, de todo esforço que tem sido feito em se criar um moderno sistema educacional, e apesar dos excelentes instrutores espirituais em torno dos quais as igrejas ortodoxas e as religiões foram construídas, a humanidade verdadeiramente não encontrou a paz, a felicidade, nem algo que pudesse chamar de genuíno bem-estar? O que será que estamos fazendo? É preciso fazer essa pergunta com toda seriedade e examinar o melhor que pudermos nossas habilidades, para decidirmos se devemos seguir na mesma direção, ou se há algo fundamentalmente errado e precisamos seguir numa direção totalmente diferente? Sem fazermos essa pergunta, e sem adquirirmos uma compreensão profunda das questões, continuaremos na inércia, no impulso que já foi adquirido numa certa direção, nos direitos adquiridos que foram constituídos para nos sentirmos seguros sem verdadeiramente estarmos seguros, simplesmente seguimos na mesma direção. Mas podemos estar seguindo na direção errada.

Examinemos primeiramente as condições em que se encontra o mundo. Consideramo-nos altamente civilizados, modernos, pessoas educadas. Vamos então nos situar no presente, sem fantasiar, sem lisonjear a nós mesmos, sem ser depreciativos, optando por ser apenas objetivos. Para olharmos para nós mesmos dessa maneira, podemos fazer a seguinte experiência mental:

Imaginemo-nos lá fora no espaço sideral em algum lugar, olhando de lá para a Terra, nosso planeta, e imaginemos exatamente o que veríamos lá do espaço, se tivéssemos os meios de ver com detalhe o que está acontecendo no planeta, e observar a condição do planeta e da humanidade. Isso daria uma visão geral a respeito de nossa própria condição que é objetiva, sem ser emocional ou romântica. Se fizéssemos essa experiência, veríamos que o homem construiu cidades enormes nas quais vive; desenvolveu, através da ciência e da tecnologia, meios eficientes de transporte e de comunicação, e adquiriu enorme habilidade e poder com o uso da eletricidade. Construiu hospitais, sistemas de saúde, instituições de ensino; criou estruturas, governos, construiu uma certa cultura; tudo isso é parte da civilização humana.

Veremos que pelo menos em vinte ou trinta lugares na Terra existem grupos de seres humanos que se acusam mutuamente, prontos para matar, e prevalecendo neste caso ou a condição de discórdia e de guerra, ou, na melhor das hipóteses, uma paz instável. E se não fôssemos parte da Terra, e sim seres espaciais olhando de lá para ela, iríamos nos perguntar o que está acontecendo. Por que essas pessoas estão tentando matar sua própria espécie? Veríamos a violência nas cidades, as lutas religiosas, a desintegração da família, a pobreza extrema numa parte do mundo e extrema riqueza em outra. Tudo isso é a condição atual da humanidade.

Se considerarmos a história, descobriremos que

o homem tem uma história de guerras, de pessoas que construíram poder acumulado sob o nome de uma bandeira, de uma ideia – terras, propriedades, exércitos, tanto para proteger quanto para dominar. Será que podemos verdadeiramente chamar-nos de civilizados? Dizem que não existe uma única forma de tortura que possamos imaginar que já não tenha sido perpetrada pelo homem contra o seu próximo em algum momento ou outro. E não é coisa do passado ou algo que esteja acontecendo somente em alguns países atrasados. Mesmo nas nações mais progressistas, mais economicamente desenvolvidas não existe paz, o homem não é feliz, e há uma tendência crescente à violência e ao crime. Este é um fato inegável com o qual nos deparamos, e que nos faz questionar para onde estamos indo.

Pensamos que somos superiores aos animais; pelo que nos dizem os cientistas, evoluímos há cerca de 50 ou 60 milhões de anos, mas isso é questionável. Como podemos provar que os seres humanos são superiores aos animais? Podemos ser superiores na habilidade de pensar, de imaginar, de lembrar; podemos ser mais poderosos, mais espertos do que os animais que compartilham este planeta conosco e que são parte do processo evolutivo da vida. Mas podemos dizer que temos sido menos destrutivos, mais criativos, mais protetores de nosso ambiente, do planeta que herdamos? Com base em que devemos avaliar nossa superioridade?

Darwin deu-nos um modo objetivo de avaliarmos nossa superioridade em termos evolutivos; ele disse: 'o mais apto sobrevive'. Mesmo a partir dessa estreita medida biológica, podemos verdadeiramente dizer que somos superiores? Houve espécies que viveram neste planeta durante milhões de anos e depois se extinguiram porque não conseguiram adaptar-se ao ambiente, às circunstâncias. Eu não tenho certeza – e não devemos ter certeza – se isso também não poderia acontecer à espécie humana, porque temos armamento nuclear suficiente para destruir a Terra várias centenas de vezes e simplesmente não apenas nos aniquilar, mas aniquilar talvez toda a vida do planeta. E parece que estamos seguindo nessa direção. Os armamentos nucleares estão se espalhando. O perigo da guerra nuclear pode ter diminuído temporariamente por causa da mudança nas equações de poder entre os mundos comunista e capitalista, mas também está crescendo. Sabemos que África do Sul, Israel, Índia, Paquistão e Irã têm armas nucleares, e vários outros países estão tentando adquiri-las. Nós verdadeiramente estivemos por um fio — quase começamos uma guerra nuclear muito recentemente durante a ação militar que ocorreu no Iraque. Assim, esta não é uma perspectiva muito distanciada, e sua probabilidade está aumentando a cada dia.

Será que nos tornamos espertos demais, inteligentes demais para sobrevivermos? Porque a sobrevivência necessariamente não requer grande inteligência. As formigas têm sobrevivido há mais tempo do que nós. O que é preciso é cooperação, não agressão, não violência, viver em harmonia, e isso não é algo que tenhamos alcançado. Assim, mesmo em termos meramente evolutivos, biológicos, podemos afirmar que somos superiores aos animais que habitam esta Terra a mais tempo do que nós?

Há muito tempo eu li um poema que descreve esta situação sob a forma de uma conversa que um homem entabulou com um macaco num zoológico. Embora possa não lembrar as palavras exatas, o recitarei aqui porque o significado é claro. É algo assim:

Quando estive no zoológico certo dia,
Conheci um macaco bastante superior
De semblante franco e nobre

E uma bela aparência.
'Macaco superior', disse eu, 'diga-me por favor
Algo que desejo saber,
Se a bomba atômica do verão trouxe as enchentes,
A do inverno trará a neve?'
'Com prazer, Senhor', respondeu o macaco
E depois de alguma hesitação,
'Se você não acha que eu não me coloco
Acima da minha condição,
Pois na verdade é óbvio
Que não há necessidade de preocupação:
Com riscos tão grandes nenhum homem terá pressa
Em jogar outra bomba'.
'Oh, macaco tolo, você não entende',
Gritei com indignação,
'Precisamos jogar mais bombas, dessa maneira asseguramos a salvação da democracia'.
'Na verdade', respondeu o macaco,
'Então, já que vocês estão com a
ideia fixa de morrer,
Eu verdadeiramente não vejo a mínima diferença
Entre morrer congelado ou torrado.

Se tudo o que a evolução conseguiu
Foi trazer vocês até este estágio,
Então eu deveria estar fora', disse ele,
'E vocês dentro desta jaula'.

Paul McClelland no *The New Statesman*

A história está escrita de maneira jocosa, mas devemos levá-la a sério. É verdade, temos realmente o direito de mantê-los na prisão e andarmos livres por aí? Mas em que critério devemos nos basear?

Assim, se isso é verdade, se o homem tem realmente sido um destruidor, um perigo para o ambiente, para o hábitat e para as formas de vida sobre a Terra, inclusive para sua própria forma de vida, então faz sentido chamar a nós mesmos de civilizados? Sendo assim, o que deu errado? E o que estamos fazendo a respeito? O que estamos fazendo a respeito do crime que aumenta no mundo? Estamos tentando criar uma força policial melhor contra o crime, tentando pôr os criminosos na cadeia, desenvolvendo métodos melhores de prendê-los, mas isso não é tratar os sintomas. O que será que faz de alguém um criminoso? O que será que produz a violência, e será que castigar as pessoas aprisionando-

-as põe fim a esse estado de coisas? Certamente que isso não é uma solução, é apenas um mecanismo de controle. Assim, tudo o que o governo está fazendo é tentando controlar a violência; e isso não a elimina. Se existem bilhões de seres humanos egoístas, agressivos, violentos, não há maneira como possamos organizá-los numa sociedade que seja pacífica, não violenta e gentil. É a violência dentro do homem que se expressa na sociedade, como também as outras características do indivíduo.

E onde o indivíduo está sendo formado? Que tipo de indivíduo estamos produzindo? Qual é o propósito da educação? Se formos realistas, devemos admitir que nossa meta em educação é produzir pessoas eficientes, altamente treinadas, disciplinadas, trabalhadoras, ambiciosas, que desempenharão suas tarefas na sociedade e serão bem-sucedidas, e com alguma esperança serão também líderes na sociedade. Esse é o nosso objetivo. Isso é o que todas as instituições de ensino estão tentando fazer: criar esse ser humano. Mas todas essas características estavam presentes em Adolf Hitler, que muitos consideram a pessoa mais maléfica de nosso tempo. Ele era eficiente, devotado, trabalhador, ambicioso, um líder, e tinha todas essas qualidades a que almejamos em educação. Havia somente uma coisa que ele não tinha: a bondade. Ele não tinha o que se poderia chamar uma mente religiosa, religiosa não no sentido tradicional, mas no sentido de uma mente que vive com amor, compaixão e humildade. Temos interesse em produzir uma mente assim? O nosso processo educativo está ajustado para isso? Se não está, que garantia existe de que não estamos produzindo pequenos Hitlers? Eles podem não ser tão "bem-sucedidos" quanto ele foi, mas o sistema educacional não está fazendo nada para evitar isso. O que podemos esperar da sociedade, salvo o que está acontecendo? O holocausto, que talvez tenha sido o maior crime deste século, foi perpetrado numa nação constituída de pessoas altamente educadas. Pessoas altamente educadas organizaram-no. Elas tinham arte, cultura, música, ciência, tudo sofisticado. Portanto, nossa educação atual e aquilo a que ela almeja não são garantia contra a barbárie, que é o que estamos vendo na sociedade à nossa volta.

Assim, esta é a atual condição da humanidade: muito esperta, com conhecimentos avançados em ciência e tecnologia, mas primitiva em termos psicológicos. Podemos ter a habilidade de chegar à lua, de viajar pelo espaço, de construir computadores poderosos, mas não somos melhores do que o homem primitivo na habilidade de amar o nosso próximo. O homem ainda odeia outros seres humanos, ainda quer matar, ainda é muito primitivo internamente, e agora adquiriu o tremendo poder de ser capaz de realizar suas ambições e desejos. Foi este tipo de desenvolvimento assimétrico do ser humano que criou o perigo. O homem primitivo também matava, também era tribal, também se sentia inseguro, mas matava somente com arco e flechas, e com adagas. Podemos agora dizimar toda uma nação com uma simples bomba, e chamamos isso de progresso!

Ogden Nash escreveu 'Em algum momento tudo estava bem com o progresso, mas ele durou tempo demais'. Serão os nossos problemas devidos à falta de eficiência, à falta de poder, à falta de habilidade? Se assim for, precisamos cultivar mais eficiência, mais leis, mais poderes. Mas se não é esta a razão de nossos problemas, então será esta a reta direção a seguir, ou estamos apenas seguindo nesta direção porque é o que aprendemos a fazer e o que sabemos fazer?

E por que não avançamos numa direção mais espiritual? Afinal, tivemos instrutores espirituais durante mais tempo do que cientistas. Buda viveu há dois mil e quinhentos anos. Jesus Cristo, Sócrates, todos falavam sobre isso. Tem havido também uma busca espiritual, não apenas uma busca científica. Aliás, a busca científica é muito recente; a moderna pesquisa científica começou há apenas trezentos anos com Galileu e Newton. Anteriormente não havia essa distinção entre pesquisa científica e busca espiritual. O homem que explorava, que era erudito, o fazia tanto em ciência quanto em consciência. Ambas as buscas surgem do desejo que o homem tem de saber. Onde quer que haja um mistério o homem quer investigar. Essa é sua natureza, essa é a natureza de nossa consciência. Não existe propósito para isso. Qual o motivo de querermos saber se o céu é azul? Por que não apenas olhamos para o céu? Não é preciso descobrir por que ele é azul, mas somos curiosos.

Progredimos enormemente em nossa compreensão de matéria, espaço e tempo, em nossa compreensão do mundo externo e da ordem que se manifesta no mundo externo. A busca espiritual, porém, é a busca pela ordem na consciência do homem. Se eu considero o amor, a compaixão, a não violência e a paz como estados de ordem em nossa consciência, e a violência, o ódio, a ira e o ciúme como estados de desordem em nossa consciência, então

Buda, Jesus Cristo e vários outros que tal como eles foram grandes instrutores espirituais, possuíam a ordem perfeita em suas consciências e dela falavam à humanidade. Da mesma maneira tivemos grandes cientistas investigando questões científicas e descobrindo leis tais como gravitação, eletromagnetismo e genética, descobrindo como opera o mundo externo.

Por que será que a busca científica tem progredido tanto, mas a busca espiritual tem andado para trás, tem afundado? Devemos examinar esta questão, porque ela é a responsável pelo desenvolvimento assimétrico do homem, e como acabamos de assinalar, esse desenvolvimento assimétrico do homem é responsável pela atual condição da humanidade. Na busca científica o progresso é cumulativo; o que quer que o homem faça, o próximo cientista é capaz então de aprender num período de tempo mais curto e de acrescentar mais coisas. A busca espiritual não é assim. O fato de Buda ou Jesus Cristo terem descoberto uma ordem em sua consciência, uma dimensão de amor e compaixão, isso não ajuda seus filhos ou seus estudantes a descobrirem-na mais facilmente. O estudante deve descobrir por si próprio, fazendo ele mesmo toda a pesquisa. Não é apenas uma questão de conhecimento acumulado, de se ler a *Bíblia*, a literatura budista, ou a literatura hindu, ou qualquer literatura, porque apenas pela aquisição do conhecimento de todas as religiões, filosofias, etc., você pode se tornar um professor de filosofia, mas jamais se tornará um Buda.

Até certo ponto isso é verdadeiro mesmo em ciência. Não apenas ensinamos as leis de Newton ao aluno no quadro negro; nós o levamos ao laboratório e, quando ele faz todas as experiências e vê como a lei opera, então aprende e diz, 'Ah, é esse o significado', e verdadeiramente compreende.

Da mesma maneira, e muito mais ainda na busca espiritual, a pessoa deve aprender por si mesma e descobrir o que Jesus Cristo e Buda descobriram e descreveram. Infelizmente, nem sempre é o que tem acontecido na história. Na verdade, seguidores de grandes líderes espirituais construíram Igrejas e disseram: "este é nosso líder", e começaram a adorá-lo, a propagar suas palavras, e a definir virtudes e vícios, pedindo aos outros para seguirem as virtudes e evitar os vícios. As religiões estabelecidas desenvolveram-se em torno de grandes instrutores espirituais, mas essas Igrejas, essas religiões estabelecidas não deram continuidade à investigação espiritual. Os seguidores não estavam tentando descobrir eles mesmos em suas consciências, em suas vidas, o que o grande instrutor descobrira por si mesmo. Eles se prendiam a cerimônias, organizações, postulando ações certas e erradas, mas sem promover a investigação. O crescimento interno deixou de acontecer e a compreensão não chegou às suas mentes. Assim, pode-se, por exemplo, encontrar uma pessoa que seja membro de uma igreja, que detenha uma alta posição religiosa, mas que seja extremamente cruel: ela não encontrou a compaixão e o amor em sua consciência. Não faz muita diferença no que ela acredita. Importa o que o ser humano é, e não o que ele pensa ou acredita.

Mas temos sido muito ingênuos, muito tolos na persecução da busca espiritual. Aliás, no sistema educacional quase a eliminamos completamente. Acreditamos que ela não é necessária. Não basta dizermos às crianças o que devam fazer ou não. Basta? Será que a realização de certos tipos de ações trará gentileza à consciência? Nós não inquirimos, nem ajudamos nossos filhos a inquirir sobre isso. Não cultivamos absolutamente a busca espiritual. Passamos oito horas por dia durante quinze a vinte anos com uma criança ensinando-lhe como um foguete chega à lua, mas jamais lhe ajudamos a compreender seu relacionamento com o prazer, se o prazer é a mesma coisa que a felicidade do espírito, ou se é o que causa a divisão entre os homens. Não explicamos às crianças o motivo pelo qual certas diferenças são vistas somente como diferenças enquanto outras criam divisão, etc. Até mesmo os adultos estão muito confusos a respeito dessas questões, e por que não estariam? A busca científica e material consome do homem vinte anos antes de ele se tornar um cientista, e não despendemos sequer algumas horas na busca espiritual.

Pensamos que basta acreditar em alguma coisa, continuar com alguns conceitos imaginários. Um homem tem uma crença e outro homem tem suas próprias ideias, sua própria crença, e os dois se matam. É assim que nascem as guerras religiosas. Se os cientistas tivessem feito a mesma coisa, se tivessem construído um templo a Newton, posto seu retrato lá e começado a adorá-lo, e outros cientistas tivessem construído um templo semelhante a Einstein e dissessem que eram einsteinianos e formassem um grupo e um clube à sua volta, será que os chamaríamos de cientistas? Não chamaríamos. O cientista busca a ciência. A não ser que ele também descubra a ordem no universo externo e compreenda essa ordem, ele não é um cientista; não é apenas uma questão de adorar um grande cientista ou aceitar sua autoridade, o que ele afirmou, como sendo verdadeiro.

Por que isso não se aplica à busca espiritual? Será que basta que um homem realize uma certa cerimônia, use um tipo particular de vestimenta e balbucie alguma coisa em sânscrito, latim ou grego, para que ele se torne um religioso, um homem espiritual? Não será preciso que ele tenha experimentado um estado interior de consciência? Não terá ele de entender de amor e compaixão antes de ser um religioso? Olhemos para o que tem acontecido na religião ortodoxa – vejamos o caso do Cristianismo. A Igreja dividiu-se em católicos e protestantes porque havia diferenças de opinião sobre como organizá-la, o que fazer e o que não fazer. Agora existem dois grupos de pessoas que são membros de diferentes igrejas, e tem havido, entre esses dois grupos, como ocorreu na Irlanda, violência e morte. Mas o Cristianismo começou com o Sermão da Montanha que diz: amai vosso próximo, voltai a outra face ao homem que vos atinge. Está claro que não temos sido inteligentes no campo da busca espiritual.

Ocasionalmente, os cientistas também perdem seu caminho ao tentar exercer autoridade. Às vezes um jovem cientista que descobre alguma novidade não é compreendido, sua tese é rejeitada por preconceito; mas em geral a ciência submete a testes novas hipóteses, experimentalmente. Os grandes cientistas são respeitados, mas o que dizem não é respeitado apenas porque são grandes cientistas, mas sim se o que dizem é verdadeiro, é real, subsiste aos testes. O importante é descobrir se é verdadeiro ou não.

Parte 2

Criando bondade, conhecimento e poder

Temos sido muito ingênuos em nossa busca espiritual, e em vez de cultivar e investigar a mente temos mantido crenças, confundindo crença com religião e crescimento espiritual. É por isso que a ciência antagoniza com a religião na sociedade, mas será a crença verdadeiramente uma religião? Não foi assim que começou. Jesus Cristo não se tornou Cristo através de uma igreja ou de uma crença, mas através de sua própria compreensão e de sua própria investigação. Buda atingiu a iluminação, a compreensão, através de sua própria meditação, de sua própria investigação. Devemos compreender isso e corrigir a situação em nosso sistema educacional. Se assim não fizermos, o risco é nosso. Em educação certamente é melhor não produzir uma mente conformista, que obedeça, que aceite e aprenda por imitação, mas produzir uma mente investigativa, questionadora, desejosa de mudança, que esteja tentando descobrir. Atualmente as crianças árabes aprendem de pais árabes e herdam seus preconceitos, e crianças judias crescem sob a imagem de seus pais e herdam os preconceitos dos judeus, e o mesmo se dá com hindus, muçulmanos e cristãos. E assim as pessoas mais velhas morrem, deixando para trás um povo mais jovem à sua própria imagem, e as divisões perpetuam-se.

Como irá mudar a condição do mundo, a não ser que os jovens sejam encorajados a questionar este tipo de coisa, e se lhes diga que não têm de ser como seus pais? Mas somos tão orgulhosos do que chamamos nossa cultura, que questioná-la é considerado heresia. E assim nada muda, o mundo continua com essas divisões, cada um sentindo que sua cultura é superior, sua religião é superior, seus profetas foram os verdadeiros salvadores, odiando o outro grupo; e o outro grupo pensa de modo semelhante exatamente pelas mesmas razões. E assim, em nome da religião tem havido mais morte, mais tortura, mais guerras, sendo tudo isso a própria antítese da religião ou da busca espiritual. Se aconteceu que adquirimos um poder enorme, mas não o usamos com sabedoria, então devemos compreender que não deve ser assim, e começar a corrigir isso agora. Devemos ser suficientemente inteligentes para usar esse poder de modo correto.

Nossa consciência tem duas capacidades. Uma é a capacidade de acumular, isto é, acumular riqueza, conhecimento, virtudes – o que quer que essas coisas possam significar. É uma mente que está calculando, planejando, tentando amealhar. A outra é a capacidade de observar, de estar perceptivo, de aprender, de explorar – que não é cumulativa. Essa é a perspectiva de alguém que diz 'Sou parte da Natureza, sou parte de toda esta manifestação de vida e sou um estudante, tenho uma consciência que estuda tudo isso, que quer aprender a respeito de tudo isso. Não sou um mestre, o dono de tudo, mas sou como um estudante que está explorando e querendo descobrir porque realmente não sei. Não sei o que é Deus, não sei o que é virtude, não sei o que é reta ação. Espero descobrir'.

Da mesma maneira, em ciência a verdade é postulada como o desconhecido, e o cientista está explorando esse desconhecido, tentando encontrar a verdade a respeito da ordem no mundo externo. O mesmo deve-se aplicar à busca espiritual, ao mundo interno. Mas em nosso processo educativo temos cultivado o processo cumulativo, e hoje em dia existe tamanha especialização que um homem altamente educado conhece muito a respeito de um tema muito limitado, e é um total ignorante em outros campos. Em física e matemática chamamos isso de Função Delta de Dirac. A Função Delta de Dirac é uma função que é infinita em um ponto e que tem valor zero em todos os outros pontos. O homem educado moderno é uma Função Delta de Dirac. Se demarcarmos seu conhecimento no eixo **y**, e o campo no qual esse conhecimento foi acumulado no eixo **x**, teremos apenas uma linha reta em um ponto que se dirige ao infinito.

Vejamos eu, por exemplo. Estudei cristalografia e num estreito ramo da cristalografia fiz doutorado, tornei-me professor e tenho feito pesquisa. Ao final de tudo isso, posso dizer honestamente que conheço apenas um capítulo de um livro de toda aquela biblioteca que contém um milhão de livros ou mais. E na verdade isso não é nada. Mas damos tremenda importância, porque pensamos que é importante – a sociedade faz-nos sentir assim – e somos guiados por este condicionamento do valor que a sociedade concedeu. Nós não questionamos a coisa. Ela está numa área muito estreita cultivada pelo intelecto, e para isso dedicamos vinte e cinco anos de nossa vida.

A vida é ampla — o que dizer do restante do campo de vida? Um grande cientista, tão erudito, tão experiente em ciência, quando tem que lidar com seu vizinho, com sua esposa ou com os filhos é exatamente tão comum quanto qualquer outro homem. Ele foi incapaz de atingir uma compreensão profunda por si mesmo. Em educação é necessário reconhecer a necessidade de se cultivar uma mente que seja religiosa e científica ao mesmo tempo. As duas não são antagônicas. Como poderiam ser? Uma lida com a verdade ou a realidade do mundo externo, e a outra com a verdade e a realidade do mundo interno. E essas duas — matéria e consciência — compõem todo o mundo. O antagonismo surge por causa das interpretações estreitas que fazemos da religião, da espiritualidade, etc.

Ora, será possível produzir uma mutação em nossa consciência por meio da qual, em vez de sermos direcionados a acumular, como ocorre atualmente, adotemos o modo de investigação, exploração, compreensão e descoberta que é a reta ação, que é o viver harmonioso? Aí estaria incluído o conhecimento, mas não apenas o conhecimento. Uma mutação assim é necessária se uma nova cultura tiver que surgir. Podemos pensar que não existe nada que possamos fazer, que é um problema grande demais; consequentemente sequer tentamos. Mas quando compreendemos que são as qualidades do indivíduo que determinam as qualidades da massa, então a responsabilidade é de cada um de nós. Se nossa educação não nos ensinou assim, devemos aprender por nós mesmos e devemos organizar a educação de tal modo que nossos filhos não sofram da mesma deficiência de que sofremos.

Mas somos orgulhosos demais de nossa educação, de nosso modo de vida, sentimos que somos muito espertos em lidar com os problemas, e é esse orgulho que nos impede. O que precisamos é de humildade – não a humildade cultivada do homem que diz 'Não sou ninguém' – mas a humildade do homem que sabe que não sabe. Precisamos investigar muito antes de chegarmos ao ponto em que sabemos que realmente nada sabemos. A verdade é que não somos ninguém. Eu sou apenas essa célula simples que estava no útero de minha mãe, que está se desenvolvendo segundo um programa, e o mesmo se dá com a árvore que está lá fora, e com o cachorro na esquina.

Shakespeare disse: 'Nada é bom ou ruim, mas o pensamento o torna assim'. Pensamos que algo é tremendamente importante, consequentemente ele se torna importante. Na verdade devemos descobrir se é realmente importante, ou se estamos dando muita importância a uma realização, fazendo com que ela se torne importante.

De há muito os ambientalistas compreenderam que o homem, tolo como é, pensando ser o senhor da Natureza e que todo o universo foi construído para ele, tem tentado forçar o ritmo dos lucros e das vantagens que ele pode arrancar da Natureza. E criou, por ignorância, enormes problemas ambientais. Todos nós estamos conscientes de que a camada de ozônio está se exaurindo, de que a radiação dos testes nucleares está se espalhando, estamos conscientes da poluição de nossos rios e mares, do desflorestamento e da desertificação da terra, e de tantos outros problemas que surgiram em função da ganância e do desejo descontrolado pelo assim chamado progresso, da assim chamada prosperidade material. Mas precisamos perguntar-nos se a qualidade de nossa vida é determinada pela qualidade do casaco que vestimos, do tapete que possuímos, da casa em que vivemos e do carro que dirigimos, ou depende mais da qualidade da mente? Por que uma ênfase tão grande no crescimento do PIB, no desenvolvimento econômico? O que dizer do desenvolvimento humano? Afinal, a economia desenvolve-se para benefício do ser humano. Para benefício de que ser humano? Este ser humano assimétrico, dominador, agressivo, violento. Assim, a não ser que cresçamos espiritualmente, não poderemos relacionar-nos com nosso ambiente como amigos, e o ambiente inclui nosso vizinho, a árvore, o cão, o mar, as montanhas, o rio; inclui também nós mesmos. É uma perspectiva totalmente diferente de vida, e devemos encontrar essa perspectiva como adultos, e também inculcá-la em nossas crianças.

Há um opúsculo chamado *The Future of Humanity*, no qual David Bohm, o famoso físico, dialoga com Krishnamurti em Ojai. No diálogo eles dizem que em algum lugar ao longo do caminho a humanidade fez uma curva para o lado errado, após o que continua a seguir nessa direção. Tornou-se um hábito mental seguir nessa direção. É um padrão de pensamento profundamente arraigado na mente, e a não ser que haja uma mutação no padrão, nas próprias células do cérebro, o homem continuará nessa direção que o está levando à aniquilação. Só se investigarmos e aprendermos a respeito da observação de nós mesmos em nossos relacionamentos, e tivermos os *insights* que pessoas como Jesus Cristo, Buda e vários outros grandes seres espirituais tiveram, poderá ocorrer uma mutação na consciência. Os dois sábios dizem que essa mutação no cérebro é possível através do *insight*, não através do conhecimento, do acúmulo. O *insight* é a habilidade de ver a verdade diretamente, e a educação deve nutri-lo.

Assim, devemos não apenas enfatizar o conhecimento, mas também a possibilidade do *insight*. A mente humana deve atingir esse estado, que é de percepção, de vigilância, de atenção, de observação, de aprendizado, que é diferente do estado de ganho, de lucro, de acúmulo, de planejamento, quer seja conhecimento, dinheiro, ou qualquer outra coisa. Essa mutação necessária na consciência é responsabilidade do homem moderno se quiser salvar a humanidade e produzir uma nova cultura que não aceite o egoísmo como norma.

A criança aprende do ambiente que de fato vê, e não de palestras ou sermões que ouve de nós na sala de aula ou na igreja. Sendo assim, como a situação irá mudar? Existe esta enorme tendência de replicação na sociedade. Até certo ponto é inevitável que a criança seja condicionada pelo ambiente, mas se a tornarmos perceptiva do condicionamento, é possível que ela se liberte – liberte-se no sentido de que esse condicionamento não domine sua consciência, que possa compreender o que ele é, e colocá-lo no devido lugar. Devemos nos interessar por este problema em educação. Hoje em dia ignoramos completamente a psique do homem, e a não ser que haja um senso de total responsabilidade, de se criar bondade ao mesmo tempo em que se cria conhecimento e poder, continuaremos com este desenvolvimento assimétrico da mente humana.

PARTE 3

Perguntas e respostas

P: O senhor poderia nos falar a respeito da divisão entre: "ser não violento" e "buscar a não violência."

P. Krishna: Nós pensamos que *decidimos* ser não violentos. O que isto significa é que embora eu odeie você, e esteja zangado com você, eu me controlo para não lhe atingir fisicamente. Assim, externamente em ação eu não atinjo você, e você diz que eu sou não violento; mas essa ira, esse ódio, essa agressão dentro de mim é tudo violência. É somente a manifestação externa dessa violência que eu estou tentando evitar ao me autocontrolar.

Será possível ser livre dessa agressão, desse ódio e dessa ira interior em nossa consciência? Toda desordem tem uma causa – e se essa causa é vista, compreendida e eliminada, é possível pôr fim à desordem. E quando a desordem termina, automaticamente existe ordem. Não podemos impor ordem à desordem. Não podemos impor não violência a uma consciência que é violenta, porque as causas dessa violência estão profundamente enraizadas na psique. A não ser que essas causas sejam eliminadas, não há fim para a violência. Portanto a não violência é apenas uma intenção; estamos apenas dizendo, desejo ser não violento, mas não somos não violentos. De modo semelhante, se temos medo, tentamos cultivar a coragem para vencer o medo: resolvemos ser corajosos. Mas se estamos livres do medo em nossa consciência, não há necessidade de se cultivar a coragem. Esta é obviamente a estratégia superior.

O fim da desordem em nossa consciência é virtude. Não existe tal coisa chamada cultivo de uma virtude, mas pensamos que ela pode ser cultivada porque é isso que nossas religiões têm dito. Precisamos questionar isso. Podemos cultivar a gentileza? Nós podemos cultivar algumas ações gentis, podemos decidir dar esmola a um mendigo, ajudar um senhor a atravessar uma rua etc., nada há de errado com isso, mas a realização de algumas ações gentis não é gentileza. Existem muitos vegetarianos que são pessoas extremamente cruéis. O vegetarianismo é um ato de gentileza – não estamos matando animais para nossa alimentação — mas se verdadeiramente não tivermos gentileza em nossa consciência, então algumas de nossas atividades, ações e atitudes podem ser extremamente cruéis. E isso acontece porque pensamos que podemos praticar a virtude. Na verdade, a virtude é um estado de consciência e não pode ser praticada, ela tem de ser adquirida, e para isso é necessário muita investigação, pesquisa, autoconhecimento. A virtude é um subproduto do autoconhecimento; não podemos sair atrás dela diretamente. Ela é algo sutil que temos de entender, e nossa educação não nos ensina isso. As maiores coisas da vida são aquelas que não podemos perseguir diretamente. Não podemos ir diretamente atrás do amor, da compaixão, do respeito, da felicidade. Eles surgem como subprodutos de uma compreensão profunda de nosso relacionamento com o nosso próximo, com a Natureza, com ideias, etc. Mas somos treinados a pensar que podemos trabalhar para obtê-las, e aquilo por que trabalhamos é prazer, e não a verdadeira felicidade. Todas as religiões disseram-nos para praticar a virtude, mas devemos — através da compreensão, da observação — pôr fim à desordem em nossa consciência; então automaticamente existe virtude.

P: Estou curioso a respeito do filósofo e do físico conversando sobre uma real mudança celular física no cérebro. O senhor poderia falar novamente sobre isso?

P. Krishna: O que eles estavam dizendo era que inicialmente nós tínhamos de nos proteger contra os desastres naturais, relâmpagos e coisas assim, e por isso tivemos de construir casas. Depois esse processo continuou, e o progresso tornou-se um modo de vida, um hábito que levou ao acúmulo cada vez maior de conhecimento, riqueza e segurança, e ainda queremos fazer mais pesquisa, aviões mais rápidos, telefones melhores – isso simplesmente tomou impulso. Mas como disse Ogden Nash, outrora tudo estava bem com o progresso, quando deixamos o carro de boi pelo automóvel ou pelo avião, mas seria este tipo de progresso material nossa prioridade maior agora? Não precisamos agora prestar atenção a outras coisas? Isso requer uma mudança de direção na mente que se habituou a um certo padrão e a seguir numa certa direção. No sentido biológico pode não ser mutação, mas requer um tipo diferente de estrutura nas células cerebrais porque, afinal de contas, os padrões de hábitos são mantidos na memória, e devem ser eliminados para que uma direção diferente se desenvolva.

Posso dar um exemplo para ilustrar. Se um homem é viciado em álcool, seu cérebro responde ao álcool de maneira diferente de alguém que não é viciado – e ele mesmo não era viciado anteriormente. Assim, de algum modo esse vício é mantido nas células cerebrais. Quando ele vê o álcool, suas células cerebrais respondem de um modo particular, ele tem um desejo intenso de beber álcool. Ora, ele pode controlar, ele pode evitar o álcool; tudo isto é lutar com o problema, mas se sua mente estiver livre do problema, a estrutura desse hábito no cérebro deve terminar, deve dissolver-se. O físico e o filósofo estavam dizendo que esse padrão no cérebro pode ser eliminado através de um *insight* profundo, uma profunda experiência psicológica da verdade de alguma coisa, que cria uma verdadeira mudança nas células cerebrais. Desta maneira o problema dissolve-se na fonte, o que é diferente de lutar com ele. Pelo menos isso é o que eu entendo que eles queriam dizer.

P: Às vezes tenho pensamentos em minha mente, eu os chamo de "fita que vai-e-vem", e tenho lembranças de minha própria história. Vejo-me desta maneira: minha mente é um rio que está fluindo e os pensamentos são regurgitados. Às vezes ela está quieta, mas geralmente é um rio barulhento. Mas então tenho emoções também, e sempre me tenho perguntado se existe diferença entre o que eu chamo de pensamento e o que eu sinto muito diretamente e que chamo de emoções, ou serão as emoções apenas pensamentos mais profundos ou pensamentos armazenados de um modo químico mais profundo? A minha pergunta ficou clara?

P. Krishna: Sim. Pensamentos e sentimentos são ambos capacidades de nosso cérebro, e é por causa da comunicação e por conveniência de descrição que vemos o pensamento como algo surgindo do intelecto, e a emoção como algo pertinente ao sentimento, que surge de um nível mais profundo de consciência. Mas na verdade eles buscam um ao outro; a emoção é acentuada pelo processo mental, não é um processo separado em si mesmo. Muitas vezes dizemos que as emoções estão relacionadas ao coração porque geralmente o batimento cardíaco aumenta quando estamos emocionados. Mas cientificamente estão no cérebro; não têm origem no coração.

Os pensamentos originam-se da memória, a emoção também se origina da memória, mas de recessos mais profundos. A emoção, por exemplo, pode ser um instinto, enquanto o pensamento pode simplesmente surgir do conhecimento, uma das duas faculdades que funcionam simultaneamente na mente humana. Você poderia dividir as várias faculdades da mente humana entre as que são baseadas no pensamento e as que são baseadas no sentimento. Seu senso de beleza, seu senso de sentimentos, medo, ciúme — tudo isso é emoção; e conhecimento, pensamento, lógica, raciocínio — tudo isso está baseado no intelecto, baseado no pensamento. Mas ambos ocorrem simultaneamente, e precisamos do equilíbrio dos dois. O homem que é apenas intelectual e desprovido de emoção é frio, desequilibrado. O homem que é totalmente emocional e desprovido de raciocínio lógico é neurótico e igualmente desequilibrado. Assim, deve haver harmonia dentro da pessoa entre emoção e pensamento.

Capítulo II

Qual é a Educação certa em meio aos desafios do mundo atual?

Palestra ministrada em Oak Grove School
Ojai, Califórnia
Em 04 de abril de 1993

Parte 1

Educação para uma sociedade melhor

Ser aluno de Krishnamurti significa a mesma coisa que ser aluno da própria vida, porque o tema que ele abordava era a vida como relacionamento – relacionamento com as pessoas, com a Natureza, com a propriedade, com a sociedade, com o conhecimento, com ideias, com tudo. A educação lida com a compreensão de nosso relacionamento com tudo isso na vida. E a questão sobre a qual vamos deliberar é: Qual é a educação certa no contexto dos problemas com os quais se defronta a sociedade moderna?

Krishnamurti sentia que somente no processo educativo é que o indivíduo pode ser transformado, e a produção do tipo certo de indivíduo é absolutamente essencial se quisermos ter um mundo que seja pacífico, não violento, onde as pessoas possam viver com um senso de alegria e felicidade. É claro que não temos uma sociedade assim em lugar algum no mundo hoje em dia, e que somos atormentados por toda uma gama de problemas. Assim, estamos produzindo o tipo certo de indivíduo?

Qual é o tipo certo de educação? Realmente não sabemos; sejamos muito claros, ninguém sabe. Krishnamurti não sugeria qualquer técnica ou método particular. Ele não dava respostas específicas quanto ao que se fazer ou não. Ele deixou muitas perguntas no ar. Ele assinalava como precisamos inquirir, como precisamos abordar essa questão, mas deixava que o indivíduo encontrasse suas próprias respostas. Eu também quero deixar claro que o que estou dizendo não tem a intenção de ser uma interpretação dos ensinamentos de Krishnamurti, porque aquilo que uma mente desperta, não condicionada e livre, percebe, não pode ser interpretado por uma mente condicionada. Podemos imaginar o que essa mente percebia, mas a imaginação nasce de nosso próprio condicionamento. E portanto devemos duvidar dela e jamais estarmos certos do que ele queria dizer exatamente. A única maneira de podermos saber é descobrindo essa mente desperta por nós mesmos. Então saberemos em primeira mão. Assim, o que quer que eu possa dizer é fruto da minha própria compreensão e das limitações dessa compreensão; é apenas meu próprio ponto de vista. Eu também mantenho o direito de mudá-lo. Não é um ponto de vista fixo.

Krishnamurti sustentava que a educação não está limitada à escola apenas, que o aprendizado é um processo que se dá ao longo da vida, que a mente precisa ser constantemente mantida no modo de aprendizagem para que estejamos continuamente crescendo internamente. Continuamente não significa que seja um crescimento contínuo pouco a pouco, mas que cada vez que percebamos a verdade de algo e algumas ilusões se vão, tenhamos aprendido. Este aprendizado pode seguir adiante constantemente se tivermos humildade para abordar a vida dessa maneira e soubermos que não sabemos. Não que pensemos que seja virtuoso dizê-lo, não é bem a mesma coisa, mas verdadeiramente saber que não sabemos. Então existe uma qualidade diferente de investigação, uma qualidade diferente de mente, que é de fato a mente de um aluno. Nesse sentido somos todos alunos da vida.

Uma escola Krishnamurti é uma escola que está tentando aplicar a educação certa, e também tentando descobrir o que é educação certa. Ela não formulou o que venha a ser educação certa como política, e está levando a cabo essa política. É uma escola onde a investigação ocorre, onde há flexibilidade, e há vontade de mudar. E esta consideração é algo que segue o tempo todo. Não existem respostas fixas sendo implementadas.

Consideremos primeiramente quais são os principais problemas da sociedade moderna. Posteriormente consideraremos que possibilidade temos de enfrentar esse desafio em educação. Que tipo de valores devemos utilizar no processo de educar a criança, de modo que esses problemas possam ser resolvidos, e então, como devemos dar continuidade? Um grande problema é a formação de grupos – sejam grupos religiosos, políticos, liguísticos, nacionais, ou mesmo profissionais. Um grupo comumente tem interesses adquiridos, quer proteger sua própria segurança em oposição à dos outros grupos, preservar sua própria identidade, pode até mesmo querer dominar outros grupos, e assim pode estar constantemente em conflito com eles. Quando é um grupo nacional cria guerra; quando é uma casta ou um grupo religioso cria distúrbio. E isso acontece em todo o mundo. É uma doença da qual a humanidade parece não ser capaz de se livrar.

Será possível educar seres humanos de tal maneira que não tenham de se ligar a grupos, de se sentir separados de outros grupos e de desenvolver interesse pessoal em seu próprio grupo? Podemos auxiliar as crianças a encontrar uma mente global, que considera o todo da Terra como um – não apenas a humanidade, mas eu estenderia isso a todas as formas de vida – considerá-las com um senso de reverência, com um senso de respeito, um senso de companheirismo com os seres humanos, com os vegetais, com os animais, até mesmo com os rios e as montanhas? São todos partes deste universo do qual nós também somos parte.

O outro grande problema que vem à mente é o dos desastres ambientais que o homem, com o desenvolvimento da ciência e da tecnologia, intencionalmente ou não, tem causado a este planeta, e que estão sendo compreendidos agora. Eles são hoje o tema de muitas conferências, reportagens de jornais, etc., porque estão afetando nossa qualidade de vida de modo adverso. Esta atitude origina-se de uma certa perspectiva sobre a Natureza que devia ser algo do passado – uma perspectiva onde o homem tornou-se por demais orgulhoso de seu conhecimento, sente que todo este universo foi feito para ele, para sua própria existência, que pode usá-lo para seu propósito e fazer o que quiser com ele, que é o senhor da Natureza. Esse tipo de atitude, esse tipo de perspectiva gananciosa com o qual o homem tem olhado a Natureza constantemente, com vistas a explorá-la para seu próprio benefício, levou a todos esses problemas ambientais, que estão se tornando insolúveis — coisas como poluição, aquecimento global, redução da camada de ozônio, superpopulação, desertificação da terra, e também poluição comercial.

O homem quer obter lucro, sua companhia quer obter lucro a todo custo, ele vende o que quer que vá trazer-lhe lucro através da propaganda, dizendo mentiras para promover seu produto. Quer seja por meio de um grupo tentando explorar, ou pela exploração comercial, esta perspectiva ainda é a mesma: eu quero tudo para mim não importa como. Devemos questionar todo esse modo de olhar para a Natureza, para as pessoas, para os amigos, para tudo — pensando que existem para nosso benefício.

Os problemas do mundo são o modo de que a Natureza dispõe para nos dizer que estamos tornando-nos arrogantes demais, que não estamos abordando a vida da maneira correta. É o que querem dizer esses desastres ambientais. Até mesmo os cientistas estão reconhecendo este fato. Eles agora estão conseguindo ver que tudo sobre a Terra e o ambiente está interconectado; que ela é como um único organismo biológico, e se nós atingimos um aspecto dela, o todo é afetado. É como um corpo: se maltratamos uma parte do corpo, todo o corpo é afetado. A Terra vem se desenvolvendo ao longo de milhões de anos, e tem um equilíbrio muito delicado; e nós realmente não entendemos todos os inter-relacionamentos. Nós brincamos com um pequeno aspecto e ele afeta de modo adverso alguma outra coisa. Os fertilizantes, por exemplo, foram desenvolvidos para agilizar o crescimento e o lucro imediato extraído da terra, mas estamos descobrindo agora que estão tornando o solo árido, causando desertificação. O ar condicionado e a refrigeração, onde são usados agentes químicos como o CFC, reduziram a camada de ozônio, e agora o excesso de raios ultravioleta do Sol está penetrando esta camada protetora e produzindo câncer de pele. Assim, a Natureza está dando o troco.

O terceiro grande desafio com que se depara a sociedade moderna é aquele representado pelo poder ilimitado desencadeado pela ciência e tecnologia, por exemplo, o poder nuclear. O poder em si não é mau; ciência e tecnologia em si não são nem boas nem ruins. O poder é apenas a habilidade de fazer as coisas. Pode ser usado para fazer o bem ou o mal. Portanto não podemos culpar a ciência ou a tecnologia em si. Podemos não merecer tanto poder porque não temos a inteligência para lidar com ele corretamente, mas o problema jaz nas mãos de homens que querem usar esse poder para explorar, matar, destruir e não para construir, melhorar, promover a felicidade no mundo. Em educação estamos lidando com a mente do homem, e por isso devemos lidar com este problema.

O quarto problema ou desafio sério que vejo a nos defrontar é o fracasso da família, o fracasso dos casamentos e de outros relacionamentos. Não encontramos um sentido de amor, afeição e responsabilidade em nossos relacionamentos. A quantidade de dor que sofre a humanidade por causa disso pode não ser tão espantosa quanto o trauma e a tragédia da guerra, mas está muito mais difundida; está em cada lar. O domínio do homem sobre o homem. A discriminação entre homem e mulher, entre adultos e crianças, é exploração no nível pessoal. Não encontramos uma maneira harmoniosa de viver uns com os outros, em mútua cooperação. Em todo departamento, mesmo entre intelectuais nos departamentos das universidades, existe amargura, luta, ódio, conspiração, intriga. No governo temos aceito essas coisas em nome da política, e dizemos que tem de ser dessa maneira, que é legítimo, mas isso é apenas aceitar a derrota.

Assim, será possível, em termos de educação, criar filhos de tal maneira que possam ter uma compreensão profunda dos relacionamentos e serem capazes de viver harmoniosamente, viver cooperativamente, o que parecemos ser incapazes de fazer? Isso significa que eu quero dar a meu filho algo que eu mesmo jamais tive. Nossa geração pode ter sido estúpida. É sábio aprender com isso e não propagar essa estupidez aos nossos filhos – o que significa que existe a necessidade de se criar uma mente questionadora, investigativa, e não uma mente conformista que esteja aceitando tudo que os pais estão dizendo. Isso é muito inconveniente para os mais velhos. Não queremos que nosso filho venha nos dizer: "Mamãe, vocês estão todos errados". Sentimo-nos insultados. Mas ele bem poderia estar certo!

Um outro problema sério que estamos enfrentando no nível social é a ditadura. Existem pouquíssimos países no mundo onde há democracia e liberdade política; onde é permitida a liberdade de expressão, de opinião, a liberdade de crescer, de pensar e escrever no que se acredita, a liberdade de questionar. A maioria dos governos é ditatorial, reprime os dissidentes; diz às pessoas o que pensar, e o que fazer ou não. A democracia pode não funcionar muito bem, mas tem em si o potencial intrínseco de se corrigir, de mudar as coisas. Ela não está sendo praticada nem exercida no espírito correto, porque a consciência do indivíduo não é verdadeiramente democrática.

Será possível para nós, em termos de educação, inculcar na criança a democracia como valor? Eu não quero dizer o tipo de democracia que existe no mundo, onde grupos de pressão estão competindo entre si pelo poder e por posição. Isso não é democracia. No sentido mais profundo, democracia significa que nenhum de nós sabe como organizar a sociedade, que leis criar, qual é a melhor maneira de fazer as coisas; mas queremos sentar juntos, inquirir e descobrir qual a coisa certa a ser feita. É isso que nosso parlamento deveria estar fazendo. É isso o que se supõe estejam fazendo os representantes eleitos – inquirindo quanto à maneira correta de organizar, de criar leis no país para a sociedade, de deliberar a respeito. Nem toda a compreensão, toda a inteligência ou todo o conhecimento repousa em uma única mente particular; mas se nos reunirmos coletivamente, se nos reunirmos num espírito de humildade, poderemos chegar a alguma coisa que todos nós, ou a maioria de nós, considere o que deve ser feito — sem arrogância, porque estamos tentando experimentalmente; não temos certeza se é a coisa certa, estamos desejosos de reconsiderá-la no ano seguinte, conversar sobre ela, mudá-la. Esse é o verdadeiro espírito da democracia — não que eu forme meu grupo de pressão e compre votos, e você forme outro grupo para chegar ao poder. Mas é assim que a democracia está funcionando atualmente, porque o indivíduo não se imbuiu do verdadeiro espírito da democracia, que é um espírito de grande humildade, respeito e gentileza.

Ora, existem pessoas que dizem que não se deve ensinar valores à criança porque isso condiciona a mente e a separa dos outros que têm um conjunto de valores diferentes, um condicionamento diferente. Eu não concordo. Qualquer que seja a maneira como eduquemos uma criança, ela vai crescer com uma mente condicionada até certo ponto. Toda experiência que ela tenha condiciona sua mente — os livros que lê, os filmes a que assiste, as lutas que tem. Ela nasce também com muito condicionamento sob a forma de instintos biológicos. Assim, a existência de condicionamento é um fato e somos todos diferentemente condicionados. Devemos estar perceptivos de nosso condicionamento e conhecê-lo, tal como sabemos que a nossa pele é parda, preta ou branca. Não damos importância a isso, mas podemos estar perceptivos.

Parte 2

O que ensinaremos?

Estar livre de condicionamento não implica ausência de condicionamento. Se levamos uma criança para passear e lhe mostramos pássaros pousados numa árvore, e dizemos: Olhe, não os perturbe, observe como estão conversando entre si, como brincam, eles também são seres vivos; então nós a estamos condicionando, dando-lhe uma atitude com relação à Natureza, com relação aos pássaros. Também lhe estamos condicionando ao dizer: Traga a arma, que belo tiro, vejamos se conseguimos matar aquele pássaro. Qualquer que seja o modo como conversemos com a criança ela adota a atitude.

Ao educarmos numa escola Krishnamurti ainda estaremos condicionando a mente da criança, mas não faremos uso de propaganda. Devemos ter a inteligência de saber o que é propaganda e o que não é. Nós a pomos em contato com a música e essa exposição à música é o cultivo da sensibilidade em sua mente. Mas poderíamos também dizer que a estamos condicionando. Se ela está ouvindo música ocidental será condicionada a gostar de música ocidental e não de música indiana, e assim queremos pô-la em contato com a música indiana também. Mas não podemos expô-la a *todo* tipo de música – música chinesa, japonesa, africana – ou o dia inteiro a criança ficaria apenas ouvindo música! Não podemos criar igualdade dessa maneira. A igualdade surge na ausência de medidas. Quando não medimos, não comparamos, somos iguais. Não podemos criar a igualdade do mesmo modo como os comunistas tentaram criar – dar a todos a mesma roupa, a mesma casa, o mesmo salário, e pensar que isso traria igualdade. A tentativa fracassou; no final dos anos (19)70, a igualdade não pôde ser criada artificialmente dessa maneira.

Que tipo de valores daremos à criança na escola Krishnamurti? Posteriormente podemos ensinar-lhe também a questioná-los, e se necessário, a se livrar deles, mas como ela está crescendo, por exemplo, teremos de lhe ensinar a ser vegetariana ou não vegetariana. Ou nós lhe ensinamos a matar, ou ensinamos a não matar, a proteger. Ou nós lhe ensinamos a ser democrática ou a ser ditatorial. Não podemos fugir disso. Por não querermos condicionar a criança, não podemos dizer que nada lhe diremos, e assim devemos perguntar a nós mesmos quais são os valores básicos que almejamos criar na mente da criança. O que é necessário para fazer face a esses problemas que citei anteriormente, com os quais se depara a humanidade?

Penso que é necessário ensinar às crianças que as diferenças entre seres humanos são naturais. Somos todos diferentes uns dos outros, não existem duas pessoas que tenham exatamente a mesma aparência; mesmo as impressões digitais do polegar de duas pessoas não são iguais; duas folhas de uma mesma árvore não são exatamente idênticas entre si. Mas temos que ensinar que as diferenças não significam superioridade ou inferioridade. Podemos ter contas bancárias diferentes, alguns de nós são ricos, outros são pobres; alguns têm tez clara, alguns tez escura; alguns são altos, outros baixos; alguns são inteligentes, outros não tão inteligentes; e precisamos ensinar à criança que as diferenças são normais, naturais; que elas não criam desigualdade. A desigualdade, ou divisão, surge quando dou importância a uma certa diferença, quando não vejo uma certa diferença simplesmente como diferença, mas crio superioridade ou inferioridade a partir disso. Devemos ensinar à criança que basicamente todos os seres humanos são idênticos. Isso precisa ser explicado porque não é aparente. Superficialmente parecemos muitos diferentes uns dos outros, mas somos realmente muito diferentes uns dos outros? Essa questão é algo que precisa ser examinada, aprofundada com a criança para que ela não permaneça no nível superficial de ver apenas as diferenças. Será um judeu verdadeiramente diferente de um árabe, será o hindu muito diferente do muçulmano?

Examinemos isso com objetividade. Afinal, o ser humano é seu corpo e sua mente. Somos diferentes em nossos corpos? Sim, superficialmente, a cor do cabelo é diferente, a cor da pele é diferente, mas qualquer médico lhe diria que internamente somos idênticos. Temos os mesmos órgãos, o mesmo sangue; podemos transfundi-lo. Somos diferentes em nossas mentes? Sim, uma pessoa conhece mais a respeito de alguma coisa e outra conhece uma outra coisa, ela fala uma língua diferente da nossa, temos habilidades diferentes. Mas não temos todos medo, não temos todos nós possessividade, os mesmos instintos? Não enfrentamos todos nós os mesmos problemas na vida, os mesmos conflitos? Todos nós temos este desejo de adorar e rezar, quer pratiquemo-lo em frente a uma estátua, num grande salão, num pequeno salão, sentados no chão ou sobre um tapete. Que diferença existe se eu oro numa mesquita, ou num templo, ou numa igreja? Isso é superficial. Se examinarmos um pouco mais profundamente, não existe tanta diferença quanto existe talvez no corpo.

É realmente como uma onda na superfície do oceano dizendo para uma outra onda na superfície do oceano: 'Sou diferente de você'. Externamente, são diferentes porque têm formas ligeiramente diferentes, são maiores ou menores, movendo-se mais rapidamente ou mais lentamente, mas ambas são água, ambas estão compartilhando dos mesmos 13.000 metros de profundidade do oceano. Tudo isso elas têm em comum, mas sentem-se diferentes. Sentimo-nos diferentes porque não estamos perceptivos da profundidade. Se estamos perceptivos das profundezas de nossa consciência e da consciência de um outro ser humano, não existe diferença. A diferença é criada por nossa própria mente; ela é uma ilusão. Krishnamurti disse que compartilhamos a mesma consciência, compartilhamos o mesmo corpo; assim não é o *nosso* cérebro, é o cérebro da humanidade, e uma parte dele está colocada aqui nestes crânios, e está sob nossos cuidados. Essa é a atitude correta. Não, meu cérebro é meu, meu corpo é meu, eu sou separado dele e nada farei por essa pessoa nem por qualquer outra. A ilusão de ser separado é muito generalizada, mas exatamente pelo fato de a totalidade da humanidade pensar algo, esse algo não se torna verdade. A verdade ou o fato não é uma questão de quantas pessoas veem-no como tal.

Depois existe o valor de não se unir a nenhum grupo, permanecendo como um indivíduo, usando nossas faculdades não para angariar poder e dominar os outros, mas para descobrir a verdade, explorando, compreendendo a vida; usar nossa consciência, nossa habilidade para pensar e imaginar, não para cultivar o poder com o objetivo de dominar os outros. É estupidez alinhar-nos de início com um grupo e depois pelo resto de nossas vidas usarmos nosso processo mental para arguir como um advogado defendendo a posição desse grupo. Este não é o uso correto do pensamento. O uso correto do pensamento é explorar o que é verdadeiro, o que é certo; não dizer que estou certo, ou o que quer que eu esteja fazendo está certo, porque a outra pessoa diz a mesma coisa pela mesma razão. Ela nasceu na Índia, ou num outro país, e diz 'minha cultura, meus pontos de vista, meu avô estava certo pela mesma razão pela qual você diz que seu avô estava certo', mas ambas estão usando o pensamento de modo errado. Assim, existe algo chamado reto uso do pensamento, e uso errado do pensamento. O advogado alinhou-se com o seu cliente e usa sua mente não para descobrir o que é verdadeiro, mas para justificar, proteger apenas um lado. Ele já tomou partido; isso não é bom, esta não é uma mente aberta. Mas aceitamos esse processo em direito.

Devemos ensinar a criança a apreciar todos os outros seres vivos pelo que são. Kahlil Gibran, em *O Profeta*, escreve sobre a amizade. Ele diz, 'Que não haja propósito na amizade salvo um aprofundamento do espírito, pois o amor que busca algo que não seja a revelação de seu próprio mistério não é amor, mas uma rede que é lançada, e que captura apenas o que não é aproveitável!' Que valor intrínseco tem o prazer? Podemos buscar prazer durante toda a nossa vida, mas as coisas mais importantes da vida são aquelas que não podem ser buscadas. Portanto, o dinheiro não é importante porque compra apenas o trivial; compra o carro, a casa, roupas bonitas, etc., mas não pode comprar amizade nem alegria. Se soubermos isso a respeito do dinheiro, nós o colocaremos no seu devido lugar. Ele é necessário para todas as coisas triviais da vida, e está tudo bem com ele, mas quando a mente lhe dá importância demasiada e fica presa no consumismo e no desenvolvimento econômico, estamos perdendo algo.

Embora um certo grau de condicionamento seja inevitável em qualquer sistema de ensino, a criança pode ser encorajada a questionar aquilo que lhe é ensinado quando crescer. Pessoalmente eu a treinaria para ser vegetariana. Explicaria a ela que isso é o resultado desta sensibilidade, deste respeito por outro ser vivo, que não quero matar para me alimentar. Não quero causar sofrimento em função de minha própria existência. É preciso ensinar o respeito por todas as formas de vida, mas também daria à criança a liberdade de parar de ser vegetariana, se ela assim o desejasse.

É necessário também instilar na criança uma sensibilidade para com a Natureza, para com as outras formas de vida. Ensinar à criança que somos parte da Natureza, não os senhores dela; que a Natureza não está aí para que nós a exploremos, pilhemos, façamos uso dela; que o mundo inteiro não foi criado para você e para mim; que viemos a este mundo pela mesma razão pela qual vieram aquela árvore e aquele cachorro; como parte deste vasto processo de vida. Neste processo, as sementes são semeadas e das sementes surge a vida, quer seja vida humana da semente no útero da mãe, quer seja a vida do cachorro, ou daquele grande carvalho lá fora. É apenas uma semente, uma célula única com um programa, e ela está desenvolvendo-se segundo sua própria natureza.

Quem somos nós para dizer que isto é superior, aquilo é inferior; que deveria ser assim, ou deveria ser de outro jeito? Quero saber se já nos fizemos essa pergunta seriamente. Será o carvalho superior ao eucalipto? Como responderemos a essa pergunta? Um carvalho é um carvalho e um eucalipto é um eucalipto. Se queremos sombra, então o carvalho é superior. Se queremos óleo de eucalipto, então o eucalipto é superior. Se você não quer nada, qual dos dois é superior? O mesmo se dá com os seres humanos.

E assim dissemos quais são os grandes problemas com os quais se defronta a humanidade. Dissemos também que tipo de valores poderiam ser inculcados no processo educacional que ajudaria a enfrentar os problemas, a dissolvê-los. E agora a grande questão é, como fazê-lo? Por isso que é um desafio criar uma escola Krishnamurti, um desafio tremendo, porque nós mesmos obstamos sua realização! Nosso próprio condicionamento, nossas próprias limitações são entraves. Não podemos fazer isso simplesmente falando à criança. A criança não responde apenas aos nossos pensamentos; ela responde à vida à sua volta. O que ela vê são valores que estão de fato em operação na sociedade, e não o que dizemos na sala de aula; o que nós lhe passamos é apenas uma ideia. Ela pensa cuidadosamente sobre essa ideia, mas o que vê à sua volta exerce influência maior.

Assim, podemos falar a respeito de não ser ambicioso, mas ela vê que todo mundo é ambicioso. Podemos dizer que o dinheiro não tem muito valor na vida, mas ela vê todo mundo correndo atrás de dinheiro. Assim, o que ela vê é a realidade, e a conversa é apenas uma ideia, e ela aprende exatamente isso. Ela diz, isto é o que se deve fazer, e isto é o que se deve dizer. Ela aprende a duplicidade em nossa vida.

Portanto o maior problema de se criar uma escola Krishnamurti é vivermos essas ideias nós mesmos, tanto quanto e até onde pudermos. Se pudermos criar uma comunidade que viva dessa maneira, isso será comunicado à criança, não apenas pela fala. Temos tido sermões em abundância; não estão nos faltando virtudes por não nos terem feito muitos sermões! Se você se sente dessa maneira, você tem apenas que ir todo domingo a alguma igreja e receberá mais sermões, mas isso não funciona, não traz aquela compreensão, aquela compaixão, aquele amor que precisamos encontrar. Assim, os próprios educadores são o óbice entre a criança e sua educação. Sentimo-nos muito pequeninos quando pensamos assim, mas temos de ser realistas sem nos sentirmos pequenos.

É verdade que nossas próprias limitações impedem que demos a educação certa à criança. Quando digo nossas limitações estou incluindo os pais, os mais velhos da sociedade; não apenas os professores, porque todos nós juntos criamos essa atmosfera na qual a criança está crescendo. Como podemos evitar que a criança assista à televisão? A televisão também está sendo gerenciada por alguma companhia comercial e por alguns anciões que de fato a exploram, e eles estão exibindo violência, porque violência vende. Assim, a criança está observando tudo isso na televisão, toda essa violência, e está tornando-se insensível. Esse é o ambiente no qual ela está crescendo; não conseguimos protegê-la.

Temos de educar a criança apesar de tudo isso, e esta é a dificuldade. Não podemos dizer que criaremos uma sociedade na qual ela jamais verá violência, jamais falarão com ela de modo rude, que sempre estará protegida, etc. Eu não tenho certeza de que seria certo se pudéssemos fazer isso, porque então quando ela saísse para o mundo, teria problemas no primeiro dia. Temos também de fazê-la compreender e prepará-la para viver no mundo real. O que significa isso? Significa que o mundo está cheio de tentação, de corrupção, de armadilhas, e que devemos dar a essa criança uma mente que seja incorruptível. A não ser que demos à criança a inteligência por meio da qual ela possa ver tudo isso e não ser influenciada, ser livre, ela permanecerá muito vulnerável. Esse é o desafio, e por isso estamos constantemente fracassando. Realmente não existe escola Krishnamurti no mundo que seja bem-sucedida em realizar isso completamente. Mas até o ponto em que nós mais velhos, os professores, sejamos capazes de viver nós mesmos dessa maneira, haverá a comunicação à criança.

Não existem atalhos; todos os atalhos foram testados: propaganda, sermões, ostracismo religioso. Após todas essas coisas terem sido testadas, estamos onde estamos hoje. Portanto, não faz sentido repetir os mesmos métodos antigos, dizendo: condicionarei esta criança à bondade.

Não é preciso que nós mesmos a tenhamos descoberto antes de podermos ensinar ou falar à criança. Podemos aprender juntamente com a criança. Podemos dizer: eu também tenho esse problema do medo, mas conversemos sobre isso; o que é o medo, e por que temos de enfrentar este problema? Não é que ele seja somente problema seu; ele é também o meu problema. Porque neste campo, não é que nossos problemas sejam diferentes dos problemas da criança ou que saibamos mais; isso não é verdade. Portanto, é importante ser honesto, ser amigo da criança. Um amigo não se sente superior. Um professor tende a se sentir superior. Academicamente, podemos saber mais, mas como viver a vida corretamente, também não sabemos. Assim temos de explorar juntamente com ela, dar-lhe as ferramentas com as quais inquirir e encontrar por si mesma. Não podemos assegurar que ela aprenderá, mas devemos criar um ambiente no qual o aprendizado seja possível. Esta é a nossa responsabilidade. Não podemos forçar o aprendizado a ninguém.

Não lembro agora quem disse, mas alguém disse certa vez: Não se pode ensinar nada a ninguém; pode-se apenas ajudá-lo a descobrir em si mesmo o que já existe, e o que já tem em si mesmo. Num sentido profundo isso é verdade. Ninguém pode ensinar, e aprender é algo muito, muito pessoal para nós. Mas se a criança cresce com a mente voltada ao aprendizado, então internamente o crescimento continua.

Ao longo da vida devemos continuar estudantes, aprendendo, sempre flexíveis, jamais arrogantes, jamais plenos de certeza – o que não quer dizer que sejamos como Hamlet, indecisos, sempre incapazes de tomar uma decisão – e assim, esse equilíbrio é necessário, também, mas devemos estar sempre desejosos de reconsiderar e de não sermos muito enfáticos na defesa de nossos pontos de vista. E ao mesmo tempo devemos agir segundo nossa própria compreensão, sermos nós mesmos em qualquer momento, e não termos muito medo de assim fazer. Porque essa é a natureza da vida. Se eu sou o diretor de uma escola e há um problema, tenho de tomar uma decisão, que pode redundar num equívoco, mas se ela foi tomada de tal maneira que seja apenas um equívoco, não está errada. Há uma diferença. É errado quando os motivos são errados; se os motivos são certos é apenas um equívoco e aprendemos a partir dos equívocos, e isso é parte da vida.

Parte 3

Perguntas e respostas

P: O que significa saber que não sabemos?

P. Krishna: O seguinte provérbio persa categoriza os seres humanos em quatro grupos.

Aquele que não sabe,
E não sabe que não sabe,
É um tolo – evita-o.

Aquele que não sabe,
E sabe que não sabe,
É uma criança – ensina-lhe.

Aquele que sabe,
E não sabe que sabe,
Está dormindo – desperta-o.

Aquele que sabe,
E sabe que sabe,
É um sábio – segue-o.

É o que diz o ditado, mas eu não concordo com ele plenamente. O que ele quer dizer essencialmente é que o estado mais perigoso de se estar é aquele em que não sabemos e pensamos que sabemos, porque então paramos de inquirir, e desta forma jamais descobriremos que não sabemos. Assim, esse é o único estado que se deve evitar a todo custo na vida. E portanto jamais dizer, 'eu sei', porque não podemos ter certeza de que sabemos a verdade. Devemos estar sempre desejosos de reconsiderar, de duvidar, porque a verdade não é algo estático. A verdade vem à existência quando há uma percepção direta dela em nossa consciência, de outro modo tem-se apenas uma descrição da verdade, uma ideia a respeito dela. Então existe este hiato entre o que sabemos intelectualmente como conhecimento, que é mantido como perguntas e respostas na memória, e o que sabemos como percepção direta, que é o nosso próprio *insight*.

Não precisamos de todo um conjunto de teorias para nos dizer que nosso dedo irá queimar no fogo. Nós sabemos. Também é verdade o que o cientista diz: que o fogo chega a 500 graus centígrados e que o dedo é carboidrato, e quando é posto em contato com o fogo, ele oxida e queima enviando a sensação ao longo dos nervos, que é interpretada pelo cérebro como dor. Tudo isso é verdade, mas não precisamos de tudo isso para saber que queima. Precisamos de toda essa teoria conceitual somente se não temos a percepção direta, e quando sabemos algo apenas como conceito, realmente não sabemos o que é. É o que acredito que Krishnamurti quis dizer quando afirmou: A palavra não é a coisa. Uma palestra sobre amor não é amor. É apenas uma descrição do amor, temos de descobrir o que foi descrito. Assim, ele disse que a descrição não é a coisa descrita. E a ponte sobre este abismo é a diferença entre a compreensão intelectual de algo e sua realização. Ela deve tornar-se real em nossa consciência. Quando se torna real, então é verdade para nós; caso contrário, é apenas uma descrição de uma verdade que alguém mais viu.

P: O que o senhor quis dizer com ser condicionado e ser livre ao mesmo tempo?

P. Krishna: Sim, acredito que estar livre de condicionamento não significa que não haja condicionamento, porque a memória ainda está lá. Mas quando estamos perceptivos da coisa ela não domina nossa consciência. O mesmo se dá, por exemplo, com o desejo. Ser livre de desejos não significa ausência de desejo. Algumas pessoas consideram o desejo em si como algo ruim, e portanto tentam eliminar o desejo de suas consciências. Elas dizem: Se eu olho para algo belo isso cria desejo, assim excluo a beleza. Se olho para uma mulher e isso cria desejo, excluo as mulheres. Então no final das contas isto significa a morte; eliminamos todos os nossos sentidos, dessensibilizamos a nós mesmos. Isso não é ser religioso.

Assim, o que eu estou dizendo é que para mim, ser livre de desejos significa que estamos perceptivos de todo o movimento do desejo. Não significa que o desejo não surja, mas que não é obsessivo, que não nos identificamos com ele, e que não é necessário nem suprimi-lo, nem satisfazer-lhe. Se ele é satisfeito normalmente, sem violência, sem dano a ninguém, etc., não temos objeção à sua realização, mas também não temos objeção à sua não realização. Então ele surge como uma onda que pode decrescer antes de alcançar a praia, ou pode chegar até a praia. Tudo é parte de algo que acontece na Natureza, e eu sou um estudante da Natureza — não estou dizendo que isso é o que deva acontecer ou não. Mas quando eu me identifico com a onda e digo, ela deve chegar à praia, farei o possível para que ela chegue à praia, o ego se engaja com avidez.

Por outro lado, o desejo é algo natural. Quando temos fome, o desejo de alimento é uma coisa natural. O desejo de ir para casa é uma coisa natural. Mas quando se torna obsessivo, então existe apego; uma dependência é criada, e é isso que cria o problema. Em si mesmo nem o dinheiro, nem a propriedade, nem outros desejos criam um problema. Mas tornam-se um problema se lhe dermos importância indevida, então esse apego cria o problema.

P: O que o senhor quis dizer quando afirmou que não pertencemos a um grupo, mas a toda a humanidade, globalmente?

P. Krishna: Aliás, eu estenderia isso para além da humanidade a todas as coisas vivas, e talvez pudesse incluir também as não vivas. Por que alguém pertence a um grupo? É um fato que eu nasci na Índia; que tenho um corpo que é indiano; que fui educado lá e que aprendi muitas coisas que são ensinadas aos indianos; que nasci numa família brâmane, portanto houve uma certa quantidade de condicionamento – tudo isso é fato. Consigo ver tudo isso como fato sem o senso de que pertenço a isso? Significa que geograficamente é um fato que eu nasci na Índia, que tenho um passaporte indiano, mas isso em si mesmo não cria qualquer problema quando o vejo apenas como um fato. Mas quando implica que por essa razão eu sou um com os indianos, e o que quer que os indianos façam eu os apoie, e consequentemente me volte contra o Paquistão mesmo que a Índia esteja errada, então esse tipo de identificação deve-se a um propósito psicológico, e eu estou usando minha associação com meu país – eu o estou chamando de 'meu' país – para sentir um senso de segurança, um senso de pertencer a ele. Isso me afasta da virtude. Virtude é estar ao lado do que é certo. Enquanto eu agir assim, liberdade não significa que o grupo não existe. Certamente que sou parte de uma família, parte de uma nação, mas quando há nacionalismo, orgulho do meu país como o melhor país, tudo é tolice. Como posso saber que é o melhor país? Não faz sentido. Eu não vi todos os outros países, sendo assim, apenas repetir algo cegamente, alguma mentira que alguém me contou para me agradar, é apego.

P: O senhor vê diferença entre comer animais vivos e plantas vivas?

P. Krishna: Idealmente eu gostaria de poder viver apenas com ar, água e madeira seca, de modo que nada precisasse ser morto por causa da minha existência. Mas a coisa não é assim. O mundo animal é ditado pelo instinto. O gato come o rato, o cavalo e o elefante são vegetarianos. Alguns animais são vegetarianos, outros não. Ao ser humano foi dada a escolha. Podemos pensar por nós mesmos e decidir o que queremos fazer com nossas vidas. Ninguém deve ditar o que outra pessoa deva ou não fazer. Podemos aprofundar-nos nas considerações, mas a decisão é deixada ao indivíduo.

Ora, no curso da evolução surgiram primeiramente os vegetais, depois vieram organismos mais complexos que foram os répteis, deles surgiram os mamíferos e dos mamíferos evoluiu o homem. Quer concordemos com isso ou não, é verdade que a complexidade do organismo aumentou, o sistema nervoso é altamente desenvolvido, o sentimento de dor e sofrimento é muito maior no homem do que nos animais, muito maior nos animais do que nos vegetais, e muito maior nos vegetais do que nas coisas não vivas, onde absolutamente não existe. Se eu mato um ser humano, existe não apenas o sofrimento físico, mas também muito sofrimento psicológico porque aquele ser humano é o marido ou esposa de alguém, que tem memória, e irá sofrer. Quando eu mato um animal a parte psicológica do sofrimento é muito pequena, mas a parte física do sofrimento é quase tão grande quanto a do ser humano, porque o sistema nervoso é altamente desenvolvido. Quando destruo uma planta o sofrimento é menor porque o sistema nervoso não é tão altamente desenvolvido. Isso é o que o cientista aceitaria. Agora podemos traçar nossa própria linha.

De um modo ideal eu jamais causaria sofrimento a alguma coisa, não gostaria de destruir nada desnecessariamente. Mas tenho de sobreviver, e se considero que a vida humana é superior à vida vegetal – se aceito essa sequência – então tenho que traçar uma linha. Algumas pessoas traçam-na entre vegetais e animais, e podemos chamá-las de vegetarianas; algumas pessoas traçam-na entre animais e homem, e as chamamos de não vegetarianas. Algumas pessoas como Hitler traçaram-na entre judeus e nazistas, e disseram que estava tudo bem matar judeus mas não nazistas, e nós os consideramos criminosos. E de modo semelhante, o mesmo se deu com o homem negro e com o homem branco. A lei agora diz que não devemos matar seres humanos, mas deixa-nos livres para matar animal ou planta. Eu diria apenas que, quanto menos sofrimento for causado em função da minha existência, melhor. Isso é tudo, essa é a única consideração que eu seguiria. Não é uma regra fixa. Se eu estivesse vivendo no Polo Norte e a única coisa que houvesse para comer fosse peixe, eu não seria vegetariano. Assim, temos de usar nossa inteligência e traçar a linha por nós mesmos. Mas ela surge de uma abordagem que diz: Eu quero causar o mínimo dano ou sofrimento por causa de minha própria existência.

P: Parecemos estar sempre agindo por um motivo e muitas vezes não estamos perceptivos disso, sendo assim, como podemos tornar-nos perceptivos da motivação ou sermos livres de certos tipos de motivação?

P. Krishna: Fomos treinados por nossa educação e formação a sempre fazer as coisas com um motivo. Isto quer dizer que sempre existe recompensa e castigo operando de um modo rude ou sutil. Estamos tentando buscar o prazer e evitar a dor. A dor é o castigo e o prazer é a recompensa. A sociedade faz uso deste instinto em nós para nos canalizar para certos rumos que considera desejável. E assim oferece recompensas para se fazer um determinado trabalho; e por fazermos certas outras coisas, ela nos pune. E também nós usamos isso com as crianças. A questão é profunda: se existe a possibilidade de se ter energia e paixão para fazer algo que não seja motivado por uma recompensa ou castigo. Mas será possível fazer alguma coisa apenas por amor a ela? Faço isso porque adoro fazê-lo, causa-me alegria, e no próprio ato de praticar a ação ela se completa. Não é um meio para se chegar a um fim. Qualquer outra coisa que possa surgir a partir daí é um subproduto e não a intenção principal. Consigo trabalhar com esse sentimento de alegria, com o sentimento de amor pelo meu trabalho, e deixar que o salário ou alguma outra coisa que dele advenha não seja o propósito, mas um subproduto? Se pudermos agir assim, viveremos com uma certa alegria, e isso é um tipo de viver criativo, como um artista que pinta um quadro. O quadro pode ser vendido ou não, mas ele está pintando o quadro porque é o que adora fazer, ele está expressando-se. Pode ser que o quadro venda amanhã por mil reais, ou por cem reais, ou pode sequer ser vendido, mas esta não é a razão pela qual ele pintou o quadro, não é este o propósito.

Em educação é também importante fazer ver às crianças que essa é a maneira certa de se olhar a vida e de se trabalhar: fazer algo que deve ser feito, nem sempre por uma recompensa ou para evitar o castigo. Devemos observar nossos motivos porque este padrão é embutido. Assim, se não estivermos perceptivos e vigilantes, a coisa opera de maneira sub-reptícia e podemos permanecer inconscientes dela. Podemos pensar que estamos fazendo algo por benevolência ou filantropia, mas existe um motivo egoísta por trás. E podemos observar isso sem condenação ou justificação, mas apenas nos tornando perceptivos da situação. Assim podemos saber como o eu opera, e familiarizar-nos com os caminhos do eu. Então quando surge o motivo, ele é notado e posto de lado. É como apagar o fogo antes de ele se tornar um incêndio. Ele sempre começa como um pequeno fogo, e se nós logo o notamos, podemos eliminá-lo de imediato; mas se não o notamos e continuamos sem notar, ele se tornará um grande incêndio e isso se torna um grande problema na vida. A percepção é a chave.

P: No processo educativo é possível ensinar atenção a outra pessoa?

P. Krishna: Como dissemos anteriormente, num sentido fundamentalmente profundo não é possível ensinar nada a ninguém, mas podemos destacar coisas. E se chamamos a atenção da pessoa para algo, compete à pessoa aprender a respeito ou não. Assim, Krishnamurti chamou a atenção para muitas coisas, e diferentes pessoas aprenderam sobre elas em diferentes medidas, segundo sua capacidade. Existem pessoas que simplesmente gostavam de conversar. Ele era um homem muito esperto e vistoso; nós olhávamos para ele e nos distraíamos. Podemos tornar-nos seus devotos e considerá-lo nosso guru, então começaremos a gostar de cada palavra e de cada gesto do guru e perderemos os ensinamentos.

Todas as maneiras tradicionais com que podemos destruir o aprendizado estão aí, mesmo com Krishnamurti. Depende do modo como abordamos seus ensinamentos; se a questão levantada por ele torna-se uma questão também para mim e eu estou buscando uma resposta por mim mesmo, ou se estou apenas colhendo as respostas dele e repetindo-as. Se assim for, eu apenas irei tornar-me um especialista da filosofia de Krishnamurti sem realmente compreender o que ele está dizendo. Sempre existe este perigo, mas com as crianças é mais fácil. O fato é que nós verdadeiramente tentamos destruir a atenção da criança ao direcioná-la. Queremos que ela preste atenção ao quadro-negro quando estamos ensinando algo, e ela quer olhar pela janela para a árvore que está lá fora. Mas se nós a encorajarmos a olhar para a árvore e a prestar plena atenção na árvore, também lhe teremos ensinado atenção. No entanto, não estamos interessados em lhe ensinar atenção; queremos direcionar sua atenção para a matemática que estamos ensinando. Assim, se estamos preocupados a respeito de seu problema de atenção e a consideramos com amor, não como alguém a ser manipulado ou moldado da maneira particular que tenhamos fixado, então podemos ensinar-lhe até a respeito da atenção. Se ela é capaz de aprender ou não é outra questão. Ela pode não aprender mesmo a matemática que ensinamos; essa opção é dela.

P: Existe diferença entre unir-se a um grupo religioso ou unir-se a um grupo de pessoas que tenham aversão a grupos religiosos? A pergunta seguinte é, como podemos verdadeiramente pertencer a toda humanidade e não a um pequeno grupo da humanidade?

P. Krishna: Antes de mais nada, parece-me que se pertencemos a um grupo que seja ortodoxamente religioso ou a um que ataque grupos religiosos ortodoxos, psicologicamente é a mesma coisa em nosso relacionamento com o grupo. Não é aquilo a que o grupo se propõe, mas a nossa dependência daquele grupo e nossa identificação com ele que é o problema. Quando vemos que essa identificação com o grupo nasce verdadeiramente da ignorância, da falta de compreensão, então não há desprezo por aqueles que pertencem a outro grupo. Temos que ser muito cuidadosos para não julgar outro ser humano, ou um grupo com crenças diferentes das nossas.

Por que desprezamos alguém que não vê algo da maneira como vemos? É porque não entendemos profundamente como as coisas funcionam na vida. Quando um homem é cego temos grande compaixão por ele e o ajudamos de toda maneira. Quando na verdade ele é fisicamente cego ou coxo, todos nós sentimos grande compaixão por ele. Quando um homem é mentalmente cego, por que não sentimos a mesma coisa? O homem é mentalmente cego porque não entende. De algum modo nós o responsabilizamos por isso. Nós pensamos: 'este indivíduo é perverso, fazendo isto deliberadamente, ele não devia estar fazendo isto', e nós o julgamos e o condenamos por isso. Mas será que a condenação traz a compreensão? Não. Portanto a condenação não tem verdadeiramente a intenção de ajudar aquele homem. É algo de que podemos estar derivando prazer. Está também alimentando nosso próprio ego. Essa condenação é problema *nosso*, assim como a cegueira é problema dele.

Quando vemos a verdade deste fato, então não há condenação, apenas observamos que o homem não compreende, portanto ele é assim. E se eu realmente quero ajudá-lo, devo ser seu amigo, devo comunicar-me com ele, porque na comunicação, se ele vê a verdade, ele se livrará da ignorância. Mas como sabemos que não somos ignorantes? Estamos vendo a ignorância dele, mas em algumas áreas também nós somos ignorantes. Assim, não é como se o homem ortodoxo fosse diferente de mim. As mesmas suscetibilidades, a mesma consciência, os mesmos conflitos, a mesma insegurança que ele sente estão também em mim. Ele está lutando com essas coisas à sua maneira, eu estou lutando com essas coisas de uma maneira diferente. A não ser que eu seja totalmente livre dessas coisas, eu não sou diferente. E somente um homem livre é diferente de um homem preso. Mas alguém que está preso no xadrez não é muito diferente de outro que está preso num xadrez diferente. Mas tendemos a pensar que nosso xadrez é superior, e que tem melhores banheiros e bares mais coloridos, etc., e dizemos, 'você deve vir para o meu xadrez'. Mas o que é importante não é o xadrez, mas a liberdade. Sair do xadrez é mais importante do que o xadrez em que escolhemos entrar. Quando não pertencemos a nenhum grupo psicologicamente, pertencemos automaticamente ao mundo todo; não é preciso fazer nada a respeito.

P: Então, qual é o caminho para a liberdade?

P. Krishna: Não existe caminho para a liberdade. Caso contrário, todo mundo teria trilhado esse caminho. E essa é a importância da contribuição de Krishnamurti para o pensamento religioso — que a verdade é uma terra sem caminhos. Não existe a prescrição de que se você praticar esse *yoga*, ou aquela meditação chegará lá. Existe uma prescrição para se ir de um condicionamento a outro, mas não existe receita para se sair do condicionamento para a liberdade. Temos de ver a liberdade, e é a liberdade que age. Nenhum ato nosso produz liberdade.

P: Como eu de fato me torno parte de todo agrupamento humano abraçando toda a humanidade, e como eu comunico isso aos meus filhos? Eu observo que meu vizinho ensina seus filhos a pegarem armas e matar pássaros e não quero que isso influencie meus filhos, então como eu abraço esse vizinho?

P. Krishna: Primeiramente gostaria de assinalar que ser um com a humanidade é diferente dessa decisão de abraçar todo mundo. Isso pode se tornar algo emocional, sentimental de se fazer e tem suas próprias armadilhas. Torna-se uma outra ação virtuosa que é postulada – que eu devo abraçar todo mundo – e isso se torna um ideal obsessivo a ser praticado. É importante ser como se é. Não podemos expressar amor se não existe amor. Assim, eu não diria que devemos forçar-nos a amar nosso próximo. O amor forçado não é amor, é apenas fingimento. E se dizemos ao nosso vizinho que o amamos quando na verdade o odiamos, isso é hipocrisia. Mas praticamos essa hipocrisia copiosamente e sentimo-nos virtuosos por isso. Devemos resguardar-nos contra isso. O importante é que eu estou sentindo ódio daquele homem porque sinto que ele está influenciando meus filhos de modo adverso. Mas ele tem a liberdade de viver sua vida da maneira que achar melhor, exatamente como eu tenho a liberdade de viver a minha vida como acho melhor. Ele não compreende que o que faz é uma má influência sobre meus filhos. Ele acha que eu sou uma influência ruim sobre os meus filhos ao lhes ensinar a serem vegetarianos, o que, de seu ponto de vista, é superstição. E assim, em função dessa ignorância ele está ensinando crueldade, pensando que está tornando seu filho esperto e bom de pontaria, e que isso é o que é necessário na sociedade, etc. Ele está vivendo segundo suas próprias ideias, tal como eu – que sigo vivendo segundo as minhas próprias ideias de vida.

Já que ele é outro ser humano vivendo segundo sua própria compreensão, e se você é seu vizinho, é seu amigo, você pode conversar com ele a respeito disso. Ele não tem a liberdade de matar seu filho, mas, até onde a lei permite, ele tem a liberdade de matar pássaros, porque a lei não dá valor à vida do pássaro. Mas eu dou. Eu iria explicar-lhe, por que isso me tortura. Então, talvez por consideração, por afeição, ele não faça mais isso na presença dos seus filhos. Não vejo o que mais você pode fazer a respeito. Assim, tem de haver essa liberdade também de deixar a outra pessoa ser ela mesma. Sabe, isso também se aplica ao marido ou à esposa, não apenas ao vizinho!

P: Pode-se ensinar às crianças a terem orgulho

de sua própria cultura, e depois lhes ensinar a irem além dela?

P. Krishna: O que significa isto, orgulho da própria cultura? É apenas orgulho do que é meu. A cultura particular na qual nascemos é apenas um acidente de nascimento. Assim, não é tanto uma questão de se aceitar esta cultura ou aquela, mas quando quero descobrir o que é certo, o que é verdadeiro, eu pego tudo que é bom em qualquer cultura. Por que devo estar preso apenas à minha cultura? Pode haver coisas terríveis na minha cultura e eu devo rejeitá-las, e pode haver coisas extremamente boas que eu vejo numa outra cultura. Eu posso desenvolver uma cultura própria, através da minha própria compreensão, e crescer. Paramos de crescer quando nos identificamos. Então estamos apenas aceitando nossa cultura e tornando-nos orgulhosos dela. E é isso que cria o problema entre povos de diferentes culturas.

Considerando que entendemos profundamente toda essa questão de cultura, então existe realmente apenas uma mente culta, existe apenas uma mente religiosa. É a mente budista, é também a mente islâmica, é também a mente cristã. Quando vemos essa questão como sendo diferente, significa que não compreendemos o que é verdadeiramente religioso. Pertencemos à cultura humana. Existem pequenas diferenças, como o homem que come com as mãos, e o outro, com garfo e faca. A diferença é superficial. Significa apenas que é o modo como aprendemos desde a infância. Por que devo escovar meus dentes da mesma maneira que você? Você faz seus exercícios de maneira diferente, eu faço *yoga* ou outra coisa porque foi isso que aprendi. Mas se o *yoga* é algo útil, ele pode proceder da Índia ou de qualquer outro lugar, e se for uma coisa boa, eu o aprendo e pratico, mesmo que viva no Ocidente. Assim, podemos estar abertos a todas as culturas do mundo e eliminar tudo que for ruim nelas. Eu uso minha inteligência para decidir, em vez de me identificar com um país ou uma religião.

P: Como abrir a mente de uma criança antes que ela tenha idade suficiente para ir à escola? Suas tendências estão começando a se desenvolver; em que mais o senhor pode focar para mim como avô?

P. Krishna: A criança cresce realmente da mesma maneira que cresce uma árvore ou um cachorro. Nós lhe damos alimento, damos a nutrição certa, nós a protegemos da doença, ela cresce. Nós não a fazemos crescer. A mesma coisa se dá com a planta em nosso jardim; precisamos apenas protegê-la, ela irá crescer. Eu acredito que quando temos ideias demais e tentamos forçar a criança a crescer, algo dá errado. Deixemos com a Natureza e deixemos que a criança simplesmente se desenvolva por si mesma e lhe ajudemos. Não tenha muitas ideias a respeito do que ela deve estar fazendo ou não; passe a estudar essa criança. Ela é um outro ser humano e é assim que é. Devemos aceitar isso, e não nos tornarmos uma imposição. As pessoas que têm tentado ajudar demais têm causado mais danos do que as pessoas que têm deixado a criança só. A única coisa que é realmente ruim para a criança é algum tipo de ameaça ou o medo constante em que vive. Tudo o mais serve para o aprendizado. Ela vai lutar, vai fazer coisas feias, vai bagunçar as coisas, e vai lhe desobedecer. A criança vai colocar o dedo no fogo, vai cair da cama e vai aprender do modo mais difícil. Ela não tem de aprender de nós intelectualmente quando dizemos, 'Quando você cair daí vai se machucar', e assim podemos ter a alegria de dizer, 'Não falei!'. Nós caímos e aprendemos o que significa uma queda, e ela deve cair e deverá aprender. Esta insistência de que ela deve aprender conosco também tem de ser deixada para trás. Temos de ser um pouco esportistas quanto a isso. Toda criança é um pouco diferente, assim como toda planta é um pouco diferente. Ela tem sua própria unicidade, e está crescendo. Eu apenas estou cuidando dela, estou aí para ajudá-la a crescer, estou aí para protegê-la, isso é tudo — ela irá crescer.

Quando introduzimos ideias demais a respeito do que a criança deve ser e como ela deve ser educada e isto e aquilo, e forçamos o seu desenvolvimento, então estamos transformando essa criança numa cobaia, fazendo nossas experiências com ela, o que não temos o direito de fazer. Não somos o mesmo ser humano, talvez ela seja o nosso próprio filho, mas como disse Kahlil Gibran, 'Seus filhos não são seus filhos, eles são uma expressão da vida ansiando por si mesma. Eles vêm ao mundo através de você, mas não pertencem a você'.

P: O valor de se fazer uma coisa por amor à coisa, e de não usá-la como meio para um fim, é um valor importante. Como se ensina isso às crianças na escola?

P. Krishna: Na verdade, isso é natural na criança. Se nós não o destruirmos, descobriremos que ela brinca com lama e água, brinca com a boneca quebrada, brinca com o filho do pobre, ela não discrimina entre o filho do rico e o do pobre, ou entre a boneca quebrada e a boneca de cem reais que você lhe trouxe da loja. Esse é o nosso estado natural, fazer algo por gostar de fazê-lo. Mas então nós a direcionamos e dizemos, não faça isto, aquilo é mais proveitoso para você, você deve fazer aquilo, não deve fazer isto, e criamos este problema pedindo-lhe para fazer o que é proveitoso em vez de fazer o que gosta.

Assim, no processo educativo numa escola Krishnamurti, este é um grande desafio porque significa que se eu sou professor de física, devo tornar a física interessante para ela, de modo que ela preste atenção por estar interessada e por amar a física. Então a beleza da física lhe é revelada. O propósito da educação é revelar a beleza de tudo na vida. Existe uma beleza tremenda na vida – na matemática, na arte, na dança, no esporte, na amizade – eu quero expor a criança a toda essa beleza. A partir dessa beleza é que virão a sensibilidade e o amor.

Em vez disso, decidimos o que ela deve fazer, pensamos que é mais importante estudar matemática do que uma outra coisa. E pensamos que o menino que é esperto e inteligente tem o direito de ver a beleza, mas não o outro que pensamos ser estúpido. O indivíduo que não é bom jogador tem tanto direito de jogar quanto aquele que é um bom jogador. Não é preciso que ele seja o tal. Assim, não meçamos as pessoas pelo que realizam. Respeitemos todos como uma entidade viva que tem tanto direito quanto qualquer outra de experienciar tudo na vida, de desfrutar de tudo na vida, de ver a beleza de tudo, inclusive a beleza da dor. Na dor também existe beleza. Existe beleza nas lágrimas também, não apenas nos prazeres. Tudo isso é vida e todos têm o direito de interagir com a vida do modo que quiserem; não é necessário ter as habilidades que especificamos.

Infelizmente, a sociedade mede a criança de acordo com o que ela quer que a criança faça por ela. Ela a considera uma massa. Quer moldá-la para ser um bom cidadão, quer que ela vá e lute com o seu próximo de modo que isso a transforme num militar, e a usa para isso. Queremos que uma ponte seja construída, então tentamos transformar a criança num engenheiro. Certamente que ela fará algum trabalho, mas se ditarmos que tipo de trabalho ela deve fazer e a moldarmos para isso, então nós a estamos usando, explorando-a. Mas se respeitamos o que ela é e lhe ajudamos a encontrar sua própria vocação, somos seus amigos.

P: Como se pode distinguir entre estar só e isolar-se, e existe um teste decisivo para se saber qual dos dois se está praticando?

P. Krishna: Não acredito que haja um teste decisivo. Diferentemente da ciência, neste campo não existem testes definitivos. É preciso muita familiaridade com os caminhos do 'eu' através da observação de nossos motivos e o modo como se movem em nossa consciência. Então, como um artesão familiarizado com seu trabalho, isso se torna uma segunda natureza, e podemos dizer instantaneamente quais são os nossos motivos. Como um homem que trabalha constantemente com tecido, mesmo tendo os olhos vendados irá tocar no pedaço de pano e dizer-lhe que tecido é; torna-se sua segunda natureza, não é preciso muito esforço para descobrir. Podemos chegar a esse ponto se prestarmos atenção ao modo como o 'eu' opera em nós.

Infelizmente, nossa educação está constantemente direcionando nossa atenção para fora, para os problemas que surgem externamente, para remover as causas externas do conflito. Ela não tem sido dirigida para o interior. Portanto, não estamos familiarizados com o modo como o 'eu' opera. Dedicamos tempo estudando ciência, geografia, etc. – afinal, fazemos isso durante quinze a vinte anos antes de sermos chamados Mestre em Ciência ou qualquer outra coisa, mas o processo educativo não nos encoraja a entendermos a nós mesmos internamente. Se eu compreendo a importância disso, aprendo por mim mesmo me observando sem condenação. Temos de observar e aprender como o faz o estudante, um bom estudante ou um bom cientista. Ele observa o fenômeno com vistas a aprender a respeito. Ele não diz, 'deve ser assim ou deve ser assado'. Se fizer isso, ele não é um bom cientista. Podemos observar a nós mesmos dessa maneira, e assim nos tornar familiarizados com o modo que o 'eu' opera. Então saberemos se estamos sós ou se estamos isolando-nos.

O isolamento é uma atividade do ego, e estar só não. O fato é que estamos sós. Quando nos isolamos e desprezamos todo mundo, estamos pondo fim ao comentário externo que nos perturba. Estar só é estar totalmente vulnerável. Não estamos livrando-nos da perturbação externamente, mas internamente alcançamos uma 'paz que ultrapassa o entendimento'. Assim, os dois estados são muito diferentes, embora externamente possam parecer semelhantes. E a não ser que estejamos familiarizados com a nossa estrutura interna, não poderemos dizer a diferença. Temos de observar o modo como a mente trabalha, o modo como o ego surge e o modo como opera. Então sabemos imediatamente qual é a diferença. E não há atalhos para isso. Não existe prescrição. Não há caminho para isso.

A pessoa tem de descobrir o lugar natural de tudo. O medo tem um lugar natural na vida; não podemos dizer que é estupidez ter medo, que o medo deve ser descartado, porque se você não tivesse medo de cair de um penhasco, caminharia para fora do penhasco e morreria. Portanto a Natureza deu-nos o medo, e até aí ele é saudável. Mas de algum outro modo ele pode tornar-se neurótico, como o medo constante do que vai acontecer-me amanhã, que é psicológico. Assim, temos também de saber até que ponto o medo é saudável, normal, e quando se torna neurótico.

Da mesma maneira temos de entender nossas necessidades naturais e quando elas se transformam em avidez. Até que ponto é apenas um desejo amigo, normal, e quando se torna um desejo obsessivo?

Ninguém vai nos falar a respeito dessas fronteiras, nem sobre quem pode dar-nos a receita para isso. Podemos aprender por nós mesmos a 'pôr tudo no devido lugar'. Podemos pôr o sexo em seu devido lugar, o dinheiro em seu devido lugar, o pensamento em seu devido lugar, as emoções no devido lugar. Então estamos em harmonia com a Natureza. Por definição, esse é o lugar devido. Mas quando damos importância errada, cria-se a desordem, criam-se todos os tipos de complicações. E assim temos uma maneira de saber que não estamos colocando as coisas no seu devido lugar.

No entanto não existe um modo de uma outra pessoa definir qual é o devido lugar para nós, e a ordem não pode ser imposta a uma consciência que é desordenada. As religiões têm tentado ordenar a consciência externamente, mas sem sucesso, isso não pode acontecer dessa maneira. Mas a desordem em nossa consciência tem uma causa, e se essa causa é compreendida pela observação e eliminada, a desordem termina. Quando a desordem termina, então existe ordem, pois a ordem é o estado natural das coisas.

CAPÍTULO III

Nosso relacionamento com o mundo

Palestra ministrada na
Krishnamurti Gathering
Saanen, Suíca
Em 30 de julho de 1995

Parte 1

O mundo e 'eu'

Esta semana vamos conduzir uma investigação religiosa sobre nosso relacionamento com o mundo, e em particular, tentar descobrir por nós mesmos o significado desta afirmação de Krishnamurti que se tornou famosa e que agora é também título de um de seus livros: 'Você é o mundo'.

Se aceitarmos esta afirmação, então ela simplesmente se tornará um fragmento de conhecimento em nossas mentes a respeito do que Krishnamurti disse. E se pensarmos que ele foi um grande homem, isso dá a afirmação uma certa autoridade como provindo de uma mente privilegiada. Então podemos viver com essa afirmação e repeti-la, como a afirmação ou opinião dada por Krishnamurti, mas isso de modo algum traz compreensão à nossa consciência. Se rejeitarmos a afirmação como tolice, porque dizemos, 'O mundo está lá fora, eu estou aqui. E isso é lixo, e sequer vou pensar a respeito disso', mais uma vez isso não nos traz qualquer compreensão. Assim, há duas respostas opostas para a afirmação, mas igualmente não inteligentes, – uma é aceitá-la e repeti-la, e a outra é rejeitá-la e recusar pensar nela. Devemos tomar cuidado com ambos os extremos. A única resposta inteligente é tomar essa afirmativa como uma pergunta, e perguntar a nós mesmos 'O que significa isso?' E ao explorar essa pergunta juntos, como amigos, um significado mais profundo pode surgir em nossa consciência. E esta é a única maneira como se deve interagir com Krishnamurti. Ele nos deixou muitas perguntas para examinarmos e explorarmos por nós mesmos; ele não nos deixou respostas. E se utilizarmos suas afirmações como respostas, elas irão apenas se acrescentar ao nosso conhecimento, mas não trarão compreensão alguma. Essas perguntas não são as perguntas de Krishnamurti. As perguntas não têm direitos autorais, somente as respostas têm. E as respostas são coisas triviais. A não ser que tenhamos explorado uma pergunta e descoberto algo por nós mesmos, a importância da pergunta e também a resposta, estão perdidas para nós.

Eu também gostaria de declarar rapidamente o que quero dizer com 'investigação religiosa', porque a palavra 'religião' tem sido usada de muitas maneiras diferentes. Normalmente quando investigamos, estamos buscando informação, ou conhecimento adicional que não temos; ou temos um desejo, e estamos buscando satisfazê-lo. Nada disso é investigação religiosa. A investigação religiosa vai além das palavras, além do pensamento, além do conhecimento, não se satisfazendo com explicações e respostas. Podemos usar conhecimento, pensamentos, ideias, mas somente como ferramentas. Na investigação religiosa estamos buscando algo muito além. Não estamos contribuindo para o conhecimento, não estamos buscando acumular prazer, não é por lucro que estamos fazendo isso, nem por proveito. Tudo isso é atividade acumulativa.

Será que conseguimos olhar para algo sem qualquer propósito, apenas pelo prazer de olhar, apenas porque queremos descobrir, como uma parte intrínseca de nosso ser? A verdadeira investigação é apenas parte da natureza dos seres humanos. Onde quer que haja um mistério, ou que haja algo que não entendemos, existe o ímpeto natural de investigar. Não podemos dar um propósito a isso. Por que os cientistas investigam o motivo de a luz vir do Sol, ou o motivo de o céu ser azul? Não há necessariamente um motivo. É apenas para descobrir. Esta é a natureza da investigação científica, e esta é também a natureza da verdadeira investigação religiosa.

Na investigação religiosa, postulamos a verdade como algo que não conhecemos. É por isso que estamos investigando para descobrir. Assim, de um certo modo, todos nós, como investigadores, estamos do mesmo lado, dizendo 'não sabemos', e queremos descobrir, juntos. Ao não sabermos, estamos juntos, mas o conhecimento divide. Começando com o conhecimento, meu conhecimento é diferente do seu, seu guru disse alguma coisa, o meu disse outra coisa, minha cultura e minha religião disseram ainda uma outra coisa . . . Se nos aferramos a isso, criamos divisão. Não há divisão na investigação religiosa. Se há divisão, não é religiosa. Religião significa: unir. Aquilo que divide não é religioso. Eu estou usando essa palavra nesse sentido.

Assim, se começarmos sem o conhecimento poderemos ter uma certa quantidade de conhecimento em nossa mente, mas deliberadamente o estamos colocando de lado, usando uma parte da memória mas sem dar importância a ela, usando o pensamento, usando o conhecimento, mas sem querer terminar em pensamento e conhecimento, insatisfeitos com mais ideias e mais conhecimento, mas querendo uma percepção mais holística 'do que é', a que Krishnamurti referiu-se como 'ter um *insight*'. É holístico no sentido em que olhamos para todo o campo, não analisamos pedaços dele, tal qual faz o processo mental. Ele seleciona uma pequena parte, analisa-a, olha para a lógica da coisa, etc. Isso tem um propósito, mas é muito diferente de se olhar para todo o campo e ter uma noção dele, sem depender do processo mental. É algo como olhar para uma montanha de longe. Existe um valor muito diferente daquele de se aproximar da montanha e aí investigar o solo, os tipos de árvores, e a geologia do terreno, tal como fazem os cientistas. Está tudo bem, mas não conhecemos a montanha desta forma! Olhando para ela de longe, nós a vemos em perspectiva.

Nossa consciência tem várias faculdades. Existem as faculdades baseadas na mente: pensamento, conhecimento, memória, planejamento, intelecto. Tudo isso pertence ao reino da mente, do raciocínio, da lógica. Depois, os sentimentos ou as emoções: medo, ciúme, ira, violência. Mas também existem aptidões que estão além desses, que não são baseadas na mente, que podem olhar para o pensamento, que podem observar um sentimento, mas não são nem pensamento nem sentimento em si mesmas —

estão além de tudo isso. Embora as palavras possam sobrepor-se umas às outras, estou me referindo às faculdades de percepção, observação, atenção, *insight*, visão, sabedoria. Todas são holísticas por natureza. Elas englobam a árvore como um todo, elas não descrevem uma parte da árvore, como faz o pensamento, por isso são muito diferentes do pensamento.

Essa faculdade holística existe também na consciência humana. Ela não está acessível através da mente, mas consegue observar o pensamento. Portanto, podemos usar o pensamento, e contanto que conheçamos as limitações da mente, ela não impedirá esta faculdade de operar. Mas se não estivermos perceptivos da existência dessa faculdade, se pensamos que toda a existência está confinada ao conhecimento, aos pensamentos e às ideias, então bloqueamos a possibilidade de um *insight*. Assim, a investigação religiosa pode usar o pensamento e o conhecimento, mas tem como meta o *insight*, uma expansão de visão, não uma expansão de memória. Vemos muito mais longe, com muito mais clareza, um terreno muito mais vasto. Começa com observação, e termina em observação. Começa com uma pergunta, e termina com uma pergunta, não com uma conclusão. Porque a conclusão impede a investigação. E frequentemente a conclusão está errada, equivocada. Assim mantemos todas as conclusões, mas como opiniões, experimentalmente, tal como fazem os cientistas com as teorias, dizendo 'talvez seja assim, mas não temos certeza'. Se pudermos manter todas as opiniões, todas as ideias, todo o conhecimento dessa maneira, então a busca da verdade pode ir além das limitações do pensamento e da lógica.

Tendo dito isso, deixe-me abordar a pergunta de hoje com este espírito. É importante abordá-la corretamente, porque se abordamos algo com uma visão estreita, teremos uma resposta estreita. Nossa visão limita a resposta. Por exemplo, se temos uma visão muito estreita da educação, e achamos que educação significa apenas treinar a criança para conseguir um emprego, passar num concurso e obter sucesso na sociedade, então tudo isso impõe o tipo de educação que vamos estabelecer, onde o esforço vai ser aplicado, e a coisa toda pode ser falsa porque nossa visão é limitada. Por outro lado, nossa visão da educação pode ser aquela em que queiramos que a criança cresça para ter uma vida plena, feliz, alegre; você não sabe bem o que precisa ser feito com relação a isso, mas não quer estreitar sua visão até torná-la um simples meio de ganhar a vida. Estamos também preocupados a respeito da criança como ser humano, a respeito de sua vida; e então nossa visão é muito diferente, e essa visão determinará o modo como educamos. Se trabalhamos com uma visão muito estreita, ficamos presos na armadilha do não saber, *e sem saber que não sabemos*! Essa é a pior armadilha em que se pode cair, e as conclusões tendem a nos colocar nesse tipo de armadilha se formos firmemente fiéis a elas, se nos apegarmos a elas. Por isso é importante não viver com respostas, mas viver sempre com perguntas. A pergunta que vamos investigar, e mantê-la na mente dessa maneira, enquanto discutimos entre nós, é esta: Qual é a verdadeira importância da afirmação, 'Você é o mundo?' E, honestamente, eu não sei.

O que é o mundo? Comecemos pelo fim, que é mais fácil. O mundo à nossa volta é a humanidade, os vegetais, as montanhas, os rios, toda a terra, o céu, as estrelas, as galáxias, e muito mais que poderia não ser facilmente visível. O que sabemos a respeito do mundo? Os cientistas dizem-nos que o mundo como o vemos hoje, o universo no qual vivemos hoje, começou com um *big bang*, que ocorreu há pelo menos 15 bilhões de anos, e desde então, vem se desenvolvendo segundo leis da química e da física muito definidas. E porque eles descobriram essas leis através de observação em laboratórios, etc., eles sabem o tipo de ordem que se manifesta neste universo, e descobriram também a linguagem que melhor descreve essa ordem, que é a linguagem da matemática. É uma coisa surpreendente que um tipo de lógica usando símbolos que a mente humana inventou corresponda à lógica seguida pela Natureza. Einstein, por exemplo, falava sobre a luz curvando-se próximo a uma estrela, tendo feito experiências apenas com papel e lápis! Passaram-se décadas antes do real experimento ser levado a cabo, e então se descobriu que 'Sim, verdadeiramente, ela se curva!'. Assim, essa lógica da matemática descreve a Natureza corretamente.

Caso contrário, a matemática teria tido muito pouca utilidade. Seria como um jogo de xadrez, algo interessante para a mente humana, fascinante e de fato muitos matemáticos estudam matemática apenas por prazer, ou por diversão. E frequentemente anos ou às vezes séculos depois, descobre-se que ela tem aplicação no universo.

O que não sabemos, o que os cientistas não conseguem explicar, é por que a Natureza segue este tipo de ordem. Por que existem leis afinal? Essas leis são universais, operam em toda parte, em cada canto deste universo, e ditam o desenvolvimento do universo. É por isso que somos capazes de dizer o que deve ter acontecido um segundo após o *big bang*, o que aconteceu após mil anos, o que aconteceu após dez mil anos, porque tudo é predeterminado. Funciona segundo essas leis, e essas leis têm sido testadas, repetidamente, refinadas, e funcionam! E podem ser descritas em termos matemáticos. Pelo menos, no nível macrocósmico, com corpos gigantescos como galáxias, estrelas, a terra, rochas, e satélites, quase não há incerteza, e podemos predizer com exatidão. Se não for um sistema muito complicado, podemos predizer exatamente o que vai acontecer. É assim que somos capazes de decidir com que velocidade enviar um foguete que vai entrar em órbita e seguir para Vênus e pousar lá, etc.; conhecemos as leis com exatidão.

O que estou tentando dizer é que existe uma ordem cósmica que permeia todo este universo. E segundo essa ordem cósmica, o universo está se desenvolvendo. Em algum ponto desse desenvolvimento, a vida começou também. E como não sabemos, conjeturamos que deve também pertencer a esta ordem. Mas não sabemos como começou. Não somos capazes de criar vida em laboratório a partir de coisas não vivas. O mais próximo de que chegamos foi descobrir uma molécula que se replica continuamente se houver matéria orgânica à sua volta. A outra coisa que não sabemos é como a consciência começou, e se é uma propriedade da matéria. Ainda não sabemos como aconteceu, mas estamos estudando. Os cientistas estão a conjeturar sobre o que poderia ser a consciência, e estão investigando se esta coisa chamada 'eu', o ego, o controlador, reside em alguma parte definida do cérebro. Até aqui, a resposta deles é que não. Não existe uma parte particular do cérebro que seja o controlador, onde o ego resida. Mas podem ser localizadas partes do cérebro que se iluminam quando ocorrem certas emoções, etc. É um computador por demais complicado! E os cientistas também abordam a questão pelo outro lado, e fazem computadores cada vez mais complexos para simular a inteligência humana.

Se uma pequena semente contém uma célula viva, quando chove e ela encontra algum terreno, começa a movimentar seus átomos, e a crescer à custa do ambiente, multiplicando-se, e um grande carvalho ou uma figueira dela surge. A árvore vive durante centenas de anos, e toda essa ordem está contida dentro daquela pequena semente, se contiver aquela célula viva em si. Os mesmos elementos que compõem o nosso corpo compõem a árvore. E os cientistas dizem-nos que esses elementos desenvolveram-se nas estrelas, que os elementos iniciais que estavam presentes originalmente eram apenas hidrogênio e hélio, e depois, através de reações nucleares eles se fundiram em estrelas para formar elementos superiores. Assim nossos corpos, as árvores, os átomos no corpo do cachorro e dos animais foram todos certa vez parte das estrelas. Somos material estelar! E os cientistas estão começando também a dizer que o ser humano pode ser considerado como uma maneira de a estrela olhar para si mesma! Que as estrelas criaram o ser humano como consciência para poderem ver a si mesmas através desse instrumento com forma humana. Na verdade, materialmente, até esse ponto é que somos parte do mundo.

Agora a pergunta seguinte é: Quem sou eu? Tivemos uma visão geral do mundo à nossa volta e da ordem cósmica no mundo, mas quem sou eu? Quando dizemos 'eu sou o mundo', temos que entender o mundo, e temos que entender o 'eu'. Assim, quem sou eu, e como eu me originei? O esperma e o óvulo, duas entidades vivas, fundiram-se e a fertilização aconteceu. Aquilo que foi criado foi o 'eu'? Ou o 'eu' chega posteriormente? Em que estágio ele aparece? Ele vai de vida em vida. O esperma é vivo, o óvulo é vivo, o ovo fertilizado é vivo, e as leis do universo estão operando. Então ocorre o nascimento, e começa a respiração, seguida de um desenvolvimento contínuo – onde entra o 'eu' em tudo isso? E ele entra de fato? Ou é apenas uma ilusão? Quando surge essa ilusão? Os animais também têm essa ilusão? Os vegetais têm essa ilusão? Eles também são seres vivos como eu! Ou será minha prerrogativa especial ser autoconsciente e criar um eu? Será minha imaginação, ou o 'eu' existe de fato? O 'eu' existe como minhas mãos existem, como meus olhos existem, como os órgãos do meu corpo existem?

Conversamos sobre a criação do mundo, mas o que dizer da criação do 'eu'? Onde o 'eu' é criado? Comecemos com a observação. Quando alguém me pergunta 'quem é você?', qual é a minha resposta? Eu digo: 'Eu sou Krishna. Reitor do Rajghat Education Center, Krishnamurti Foundation, Índia. Sou professor de física, sou indiano, sou hindu'. É isso o que eu sou? Examinemos cada um desses itens.

Qual a importância da afirmação 'Eu sou Krishna'? É apenas um nome afixado a mim durante o nascimento pelos meus pais, para identificar esta pessoa, este corpo, esta entidade que nasceu. Certamente que eu não sou esse nome, e assim ele é facilmente descartado. 'Eu sou indiano' significa o quê? Significa que nasci nessa parte do mundo que, por razões históricas, tem certas fronteiras agora, e é chamada Índia. Este é o conteúdo factual da afirmação 'eu sou indiano'. Se eu quero identificar-me com essas pessoas, essa cultura, considerá-la minha e dizer 'devo preservar isso, eles são o meu povo, e assim tenho sentimento apenas por eles, essas são minhas ideias oriundas do meu avô e de meus gurus, portanto eu os apoio, eu os repito, debato por eles como um advogado'. Se eu me identifico com tudo isso, então a coisa adquire uma importância muito maior, eu me torno um nacionalista. Eu crio apego a esse lugar, a essa nação, a esse povo, a essa cultura, portanto começo a pertencer, e isso afeta todo o meu pensar e a minha psique. Mas o processo educativo considera isso muito virtuoso, e o instila em nós. Mas verdadeiramente, destituído de toda essa propaganda, de toda essa falsidade que devemos pôr de lado, qual é o conteúdo factual dessa afirmação? Apenas que eu nasci naquela parte do mundo!

O que significa dizer ‘Eu sou hindu’? As pessoas onde eu nasci, a família particular, tinham práticas particulares de adoração, mantinham certas crenças que me foram passadas como conhecimento, e assim eu as repito. E porque sigo esse padrão particular e sinto-me apegado a ele, eu digo ‘Eu sou hindu’. Mas se não me apego, se digo que ‘estou em busca da verdade, não estou interessado nas opiniões nem do Oriente nem do Ocidente, nem do povo hindu nem do islâmico, que não estou interessado em opinião alguma, que quero encontrar a verdade’, então que importância tem que eu seja hindu ou cristão? Essa é a mente verdadeiramente religiosa.

‘Eu sou professor de física’. Certamente que isso é parte do meu treinamento, aprendi esse assunto. Fui treinado na escola e na universidade durante vinte anos a resolver certos teoremas e somas, e tudo mais que segue sob o nome de física. E assim o meu cérebro funciona eficientemente nessa área, e tem uma certa capacidade. É tudo o que significa. O jardineiro, o encanador, todo mundo também aprendeu alguma coisa que sabe como fazer. O que há de tão especial a respeito disso? Se não dermos importância demais ao fato de sermos isso, aquilo ou outra coisa, é apenas como dizer: 'Esta é a minha mão, há um pouco de cabelo nela, e ela é de cor parda'. Mas se temos uma mente racista, começa a significar muito mais. Nossa mente cria muitas ilusões em torno de um fato. Mas uma mente religiosa está interessada apenas em fatos!

Assim, eu não sou tudo isso, tudo isso é simplesmente uma criação de minha própria mente, minhas próprias escolhas, minha própria estupidez, minha própria herança se você assim o quiser, e eu não estou interessado em herança, estou interessado na verdade, e eu não sei o que é a verdade . . . então, qual é o valor de eu me apegar a qualquer uma dessas coisas? 'Sou o Reitor do Rajghat Education Center'. O que significa isso? É apenas uma responsabilidade, não é? Eu tenho uma certa função. Repassaram-me um certo poder para exercer essa função. Eu devo usar minha inteligência, minhas capacidades, para descobrir o que é certo para o Rajghat Education Center. Eu devo duvidar do que penso, devo consultar os outros, descobrir o que é certo, cometer erros, aprender com eles, etc. É tudo o que quer dizer. É apenas a descrição de uma tarefa que assumi, uma responsabilidade. Certamente que isso não sou eu! Se eu uso essa posição para meus propósitos particulares, consideramos isso corrupção. Se um homem usa seu poder para fazer dinheiro para si, para construir um *status* para si, etc., nós o consideramos um ser humano corrupto. Ele está fazendo mal uso de seu poder para uma finalidade indevida. O fato é que eu sou responsável por esse lugar, sou seu custódio, estou cuidando dele. Não significa que eu esteja contra qualquer outra escola. Por que significa isso com a religião? Por que o hindu contra o muçulmano ou o muçulmano contra o judeu?

Aproximemo-nos ainda mais. 'Eu sou um chefe de família'. O que significa isso? Meu filho, minha esposa, eles me pertencem, eu sou dono da minha família? O que significa isso? Eles existem para minha satisfação pessoal, para meu uso, posso tratá-los da maneira que quiser para satisfazer meus desejos, meus anseios? É esse o relacionamento? Ou eu me preocupo, sou amigo, compartilho a vida com eles? Podemos ser amigos, ajudar-nos uns aos outros, mas sem possuir uns aos outros, sem usarmos uns aos outros? A questão é sutil. Com a possessão, existe domínio, existe o uso, existe a exploração. É o que os reis costumavam fazer: eles pensavam que todo o estado pertencia a eles. E quando distribuíam algum dinheiro, era como se estivessem dando de seu próprio bolso! O dinheiro pertencia ao estado, não era o dinheiro deles, mas eles se tornavam os donos. E assim também nós podemos tornar-nos pequenos Hitlers e pequenos reis em nossas próprias famílias, em nossas próprias instituições, se não entendemos o reto relacionamento.

Pergunto então: 'Eu sou este corpo?' Presumimos que este corpo é nosso. Que nós o possuímos, nós o guiamos, nós o usamos, nós o exploramos para satisfazer nossos desejos, nossas metas, nossas ambições. Essa pode ser apenas minha atitude. Eu trato o corpo assim, mas jamais encontrei o reto relacionamento para este corpo. Ele veio à existência como aquela árvore veio à existência e como todo mundo mais veio à existência. Tal como eles, este corpo também nasceu e se desenvolveu. Como ele se tornou meu? E o que significa isto, 'meu'? Quando é a minha escola, eu digo: 'Eu estou no comando, devo trabalhar pela escola, devo fazer o que é certo'. Por que eu não digo a mesma coisa quando me refiro ao meu corpo? Isso também não é exploração? Não é dominação? Também não é um relacionamento errado?

Existe algo de vulgar a respeito da propriedade. Você já viu as crianças, como elas tendem a fazer mau uso das coisas que possuem? O mesmo se dá com nós adultos. Os adultos são apenas crianças que cresceram! Quando temos um caderno, nós podemos rasgá-lo, jogá-lo fora, sujá-lo, e quando outra pessoa reclama: 'Por que você está fazendo isto?', dizemos: 'Não é problema seu, o caderno é meu'.

Essas palavras significam que eu posso desrespeitá-lo, posso destruí-lo, posso fazer o que quiser com ele porque sou dono dele. Eu não tenho que cuidar dele. Um tipo de atitude destrutiva surge da possessão, da propriedade, e eu estou questionando: Somos realmente os donos de nossos corpos? Ou será isso algo que presumimos sem fazer esta pergunta? Tratamos nossos corpos como tratamos nossos carros! Quando nosso carro está enguiçado, nós o levamos ao mecânico para ser consertado, e o trabalho do mecânico é consertá-lo. Quando o corpo está doente, vamos ao hospital, e o trabalho do médico é tratá-lo. Então retornamos, e vivemos exatamente da mesma maneira como vivíamos antes, o que significa que não nos responsabilizamos pelo cuidado do corpo. Queremos que o corpo seja usado para nosso propósito, e quando ele apresenta problema, queremos que alguém o conserte. Na sociedade desenvolvemos sistemas para permitir isso, de modo que possamos continuar nosso estilo de vida desarmonioso e alguém mais ganha a vida consertando-o. O mesmo se dá com a mente, ou o cérebro. Existe um grande número de psiquiatras e psicólogos para consertá-la. Quando as coisas não estão bem, eu não assumo a responsabilidade por elas. Sou eu o dono desta mente, deste cérebro? Ou serão eles parte desse processo de desenvolvimento da Natureza e é minha responsabilidade mantê-los limpos, não corrompê-los, não fazer mal uso deles? Supomos tantas coisas, e uma mente religiosa deve questionar cada suposição.

Afinal, quando vivemos como convidados na casa de alguém, nós cuidamos, cuidamos do quarto, nós o mantemos arrumado, nós o deixamos limpo quando vamos embora, fazemos tudo. Por que não fazemos isso em nossa própria casa? Quando é minha própria casa, por que será que faço o que bem entendo, posso mantê-la suja, a não ser que um convidado esteja para chegar? Logo que existe senso de propriedade, o cuidado diminui porque é algo que existe para meu uso pessoal. Mas somos verdadeiramente donos de alguma coisa? Eu me torno aquilo com que me identifico pelo fato de me identificar. Em suma, o que é o meu cérebro? É um pequeno computador que foi programado pela família na qual eu nasci, pela sociedade na qual cresci, na cultura particular, ideais etc. Essa pequena entidade que nasceu aqui, cresceu aqui e educou-se em algum lugar, tem uma certa programação no cérebro, que é o computador que está aí no meu crânio. Eu começo a chamá-lo de meu computador, de meu cérebro, e eu me identifico com ele – isto sou eu, hindu, indiano, etc.! Por que eu me identifico com este computador? Por que eu o considero como algo muito pessoal – meu cérebro, minha mente, minha opinião, meu pensamento, minha ideia, minha religião? Qual é o conteúdo da palavra 'meu/minha'? De onde ela vem? Eu não pedi este cérebro, mas ele está aí. Como a mobília da minha casa, ela está lá. Eu posso usá-lo, como uso minha mobília. Mas por que eu me apego a ele? Ele domina minha vida, controla minha vida. Porque isto é o que chamo de meus pensamentos, e meus pensamentos de algum modo tornam-se mais importantes do que os pensamentos de qualquer outra pessoa, e eu quero que eles predominem. Nós lutamos porque o seu cérebro foi programado na América, e o meu na Índia. Assim, porque eu me identifico com este cérebro e você se identifica com o seu cérebro, dizemos: 'Eu sou separado de você'. Não nos sentimos dessa maneira quando Alan tem um computador o qual ele possui, e eu tenho em minha casa um outro computador que possuo. Eu não me sinto separado de Alan porque possuímos dois computadores diferentes. Mas se eu me identifico com o computador, isso cria divisão, e a divisão não é religiosa.

Assim, estou questionando a suposição à qual não damos atenção: de que 'Eu sou este corpo, eu sou esta mente'. Será possível que eu não seja nenhuma dessas coisas, que não haja tal coisa como meu cérebro, que haja apenas o cérebro da humanidade? Se não dividimos, então deixamos de ser parte do mundo, parte de todo esse misterioso processo que estamos tentando entender, de todo o universo do qual os seres humanos são uma parte? E a consciência me foi dada para me permitir olhar para ele, examiná-lo, questioná-lo, entendê-lo, mas eu me torno possessivo e digo: 'Este é o meu país, esta é a minha casa, esta é a minha família, este é o meu cérebro, este é o meu corpo' e crio o '*eu*'. Então o 'eu' é separado do restante do mundo lá fora, para explorar os outros, as montanhas, os rios, o céu, tudo. Não me aproximo das outras coisas neste universo como amigo porque divido, eu me separo, e quero explorar tudo para benefício deste 'eu', sendo este 'eu' aquilo com que eu me identifico. Tudo isso pode ser minha própria criação.

O animal não faz assim, embora possa ser geneticamente programado, até certo ponto, para procurar seu território, etc. Podemos também ser geneticamente programados até certo ponto, uma vez que evoluímos dos animais, mas complicamos as coisas, vamos muito mais adiante, através de nosso processo mental, de nossa imaginação. Nós criamos o 'eu', nós separamos. É por isso que me sinto separado do mundo. Mas se eu não faço isso, o fato é que eu posso ser apenas parte do mundo — eu sou o mundo. A mesma inteligência que está operando lá fora no universo, que criou a vida, que criou este desenvolvimento, está operando dentro de mim, mas se eu separo e digo: 'É a minha inteligência', então começo a sentir que minha inteligência é algo superior, mais importante do que a inteligência universal. Começo a pensar que devo ter este tipo de casa, este tipo de sociedade, as pessoas devem ser assim, a escola deve ser dirigida deste modo, etc. Eu deixo de ser um estudante, um observador, e torno-me um ditador.

Assim, levantei muitas questões sumamente importantes e fundamentais. Talvez questões impossíveis — não importa. A mente religiosa é aquela que busca questões impossíveis. São o homem de negócio e o político que dizem: 'Farei apenas o que é possível, não questionarei a respeito do impossível'. Para a mente religiosa nada é impossível, porque a ela não importa ser bem-sucedida ou fracassar. E assim estou fazendo estas perguntas e posso jamais encontrar as respostas, mas ainda pergunto porque estou interessado em aprender. Krishnamurti costumava dizer: 'Senhor, viva com perguntas'. E pode haver perguntas com as quais devamos viver toda nossa vida. Durante gerações, pode ser que ninguém encontre as respostas.

Assim, se olharmos para todo o conteúdo do mundo, e para a estrutura do 'eu', então o 'eu' está separado do mundo, ou não? O fato é que nós somos o mundo – eu sou o mundo. Existe apenas uma inteligência que opera em todo o universo, não é minha nem sua. Existe apenas um cérebro humano, não é meu cérebro nem seu cérebro. Existe pensamento, mas não existe algo chamado meu pensamento e seu pensamento. Onde entra a propriedade? E por que ela entra? A ideia de que o outro homem sou eu mesmo é uma ideia muito sublime que tem de ser alcançada. Os teosofistas têm falado da 'fraternidade universal'. Somos verdadeiramente irmãos, ou somos realmente indivíduos separados uns dos outros que devem sentir-se como irmãos? Estamos postulando isso como um ideal que é ficção, e a divisão é a realidade? Ou será o contrário, que a realidade é que somos irmãos, e a divisão é uma ilusão? É a mesma coisa que perguntar se eu sou o mundo, ou se sou separado do mundo, operando como uma entidade separada neste mundo. E isso prova a questão de se existe algo chamado indivíduo. E o que é a individualidade? O que significa ser um indivíduo?

Parte 2

Nosso relacionamento com a sociedade

Dissemos anteriormente que se não nos identificamos com nada em particular, tal como o corpo ou o cérebro, o coração, uma religião particular, ou uma família particular, então não somos entidades separadas, e nesse sentido somos o mundo. Mas quando nos separamos por meio da identificação, que pode ser por escolha ou simplesmente através da inércia, do hábito, algo que jamais questionamos, então nos separamos e isso afeta nosso relacionamento com tudo neste mundo. Isso nos torna possessivos, faz com que exploremos os relacionamentos para este 'eu', e então tudo é direta ou indiretamente usado para favorecer esse senso do 'eu'. Assim, o cérebro começa a funcionar como um advogado, defendendo, protegendo aquilo com que se identifica, e o próprio processo mental colore-se; não consegue mais investigar ou explorar livremente, que é a reta função do pensamento. Em vez disso, segue justificando, defendendo, sentindo--se superior, dizendo: 'O que eu estou dizendo está certo, o que é meu é melhor do que o que é seu', levando a um senso de competição e rivalidade.

Se somos um com o mundo, então isso significa que também somos responsáveis por todo o mundo — não apenas por nós mesmos. Além disso, se somos o mundo, então o mundo é afetado pelo modo como somos, que é o modo contrário: não apenas eu sou o mundo, mas o mundo sou eu.

Vejamos um exemplo específico. Todos nós estamos conscientes do que está acontecendo no que foi a Iugoslávia. Somos responsáveis pelo que está acontecendo lá, ou a responsabilidade é apenas daquelas pessoas que estão diretamente envolvidas no conflito? Poderíamos usar qualquer outro exemplo: Irlanda, Caxemira, o que está sendo feito pela Natureza. Será que a poluição, as catástrofes nucleares são obras somente dos industriais, dos cientistas, ou seremos nós também responsáveis por elas? Serão o cientista, o político, os líderes da Bósnia, separados de nós para que não sejamos responsáveis pelo que está acontecendo lá? Parece que sim, não é verdade? Muitas vezes culpamos as pessoas daquela localidade particular por se comportarem dessa maneira. Ou nós nos apiedamos delas, ou nós as condenamos. Mas não as observamos e, daí, não aprendemos qual é a nossa responsabilidade. Pelo fato de não vermos a ligação, não nos sentimos responsáveis. Esta pode ser uma maneira muito conveniente que nossa mente inventou. Pode ser uma fuga.

Krishnamurti assinalou que a sociedade é uma abstração. Não existe tal coisa chamada sociedade separada de nós. Nosso relacionamento recíproco, afetado de modo vital pelo que somos, é que cria essa sociedade e o que acontece nela. Será isso verdade? Afinal, a sociedade é um agrupamento do que chamamos indivíduos. Ora, se existe um agrupamento de um milhão ou coisa assim de indivíduos, cada um deles sentindo-se um indivíduo separado, uma entidade separada, sendo cada um deles egoísta, agressivo, violento, competindo com os outros, lutando, em conflito, poderemos criar com eles uma sociedade que seja pacífica, não violenta, gentil, ordeira; ou será isso inerentemente impossível?

O que estamos fazendo atualmente no mundo é considerar o indivíduo como fato consumado. Estamos até mesmo treinando-o em educação para sentir que é um indivíduo separado, que deve ser ambicioso, deve ser agressivo, deve procurar avançar, deve afirmar seu ego para vencer na vida. E tendo criado esses tipos de indivíduos, estamos dizendo: 'Por que não temos paz na sociedade, por que não temos amor, por que temos toda essa violência e como podemos refreá-la?' Para refreá-la temos a força policial, temos todo o sistema judiciário que pune o ofensor, temos regras e regulamentos. No nível internacional, temos as Nações Unidas. Sempre que há uma situação conflituosa entre dois países, as Nações Unidas tentam intervir e evitar que uma guerra aconteça. Assim, estabelecemos mecanismos para evitar a guerra. Será que isso porá fim às causas da guerra? Se não terminarmos com as causas da guerra, teremos este problema da guerra perpetuamente, e precisaremos das Nações Unidas para contê-lo.

O mesmo se dá com o sistema judiciário. Primeiramente produzimos indivíduos violentos, agressivos, que são o resultado dessa sociedade, que se tornam criminosos; depois, para proteger a sociedade contra eles, nós os prendemos e os colocamos na prisão. Será que esse controle mudará esse indivíduo? Irá torná-lo pacífico, ou ele irá tornar-se mais amargo, mais violento, de modo que precisemos de ainda mais controle? Isso se torna um problema perene onde, por um lado estamos produzindo seres humanos assim, e por outro estamos tentando controlá-los.

Na Rússia, os comunistas pensaram que pelo controle rígido através do estado conseguiriam mudar o ser humano. Durante setenta anos foram feitos experimentos, com enorme repressão e crueldade, tentando criar a igualdade entre seres humanos, externamente impondo essa igualdade, e esperando que ela se interiorizasse. Tentavam mover da periferia para o centro, operando com os sintomas, sem trabalhar a fonte do problema. Não funcionou. Eles precisaram de cada vez mais repressão, e quando removeram subitamente toda repressão, houve um caos enorme.

Pode ser apenas uma questão de acaso que o que está acontecendo na Bósnia não esteja acontecendo aqui. É tanto uma questão de acaso quanto é a de se saber onde a próxima tempestade irá ocorrer, onde será o próximo terremoto. As causas podem estar profundamente enterradas em algum ponto, embora a manifestação ocorra num lugar particular. Os seres humanos da Iugoslávia não são diferentes de você e de mim, e o que aconteceu lá pode acontecer aqui amanhã; o potencial para isso existe, a não ser que internamente nós nos transformemos e tornemo-nos totalmente livres da violência. Conseguiremos?

Será a não violência uma questão de escolha? Será que Gandhi foi verdadeiramente não violento, ou escolheu a não violência porque a violência não teria sucesso contra os ingleses? Se o inimigo é poderoso, forte, muito mais capaz de violência do que nós, então é estupidez tentar derrotá-lo com a violência; ele irá vencer. E assim não podemos combatê-lo, e se não podemos combatê-lo, tentamos a não violência! Então, esta é apenas uma outra arma com que combatemos. Ou será que Gandhi nada tinha a ver com a violência porque não havia violência nele? E assim ele se recusou a matar, recusou-se a ferir alguém, independentemente de quais seriam as consequências. Esse é um estado totalmente diferente daquele de se escolher adotar um movimento não violento como a melhor escolha numa determinada situação.

Krishnamurti fazia uma palestra na Índia quando Gandhi foi assassinado em janeiro de 1948. E alguém na plateia perguntou-lhe: 'Senhor, quem foi responsável pela morte de Gandhi?' Sua resposta foi que cada um de nós foi responsável – cada um que se identifica com uma religião particular, que forma um grupo, que pertence a uma casta, que odeia seu próximo por causa de suas ideias ou por causa da cor de sua pele, que está separado. Certamente que foram poucos os indivíduos que planejaram e puxaram o gatilho e, segundo a lei, somente esses foram responsabilizados e enforcados. Mas todos nós contribuímos na produção daqueles homens.

Existe todo um mar de violência para o qual cada um de nós está contribuindo. Nesse mar podem surgir tormentas. Essas tormentas são suas pequenas guerras – às vezes no Iraque, às vezes na Caxemira, às vezes em alguma outra parte. Mas elas surgem nesse mar, e cada um de nós contribui para esse mar de violência. Pelo fato de sermos o mundo, se somos violentos, o mundo é violento. Se é de exploração a perspectiva com que considero minha esposa, meu filho, a árvore no jardim, a Natureza, o rio, isso basicamente significa separar-me e dizer: 'Como posso utilizar essas coisas para meu benefício?'; se cada um de nós é assim, então a sociedade será assim. Vemos que é assim que está acontecendo. Em algum lugar, a manifestação pode ser mais violenta do que num outro local, mas o potencial está em toda parte.

Nesse sentido, poderíamos dizer que a terceira guerra mundial já está ocorrendo. As Nações Unidas e os políticos chamam-na de guerra só quando a violência manifesta-se além de um certo ponto, além de um certo nível, mas a terceira guerra mundial já está acontecendo nas mentes dos homens, no ódio entre as nações, no uso da violência para resolver os problemas. Ela já está acontecendo porque a guerra psicológica já está acontecendo também. E cada guerra tem semeado as sementes para a próxima guerra.

Temos visto tudo isso acontecer, temos lido na história, em nossa educação, mas de algum modo sentimo-nos separados. Sentimos que Hitler foi responsável por aquela guerra; mas não fomos nós os responsáveis pela criação de Hitler? Fazemos objeção somente ao "grande" Hitler, porque ele fez coisas destrutivas e inconvenientes, mas os pequenos Hitlers também são inconvenientes! Um pai que é um pequeno Hitler em sua família é muito inconveniente para seus filhos, para essa família, mas isso é legal. E assim temos aceito uma certa quantidade de violência como norma, e contestamos somente quando a violência manifesta-se com maior amplitude. Então nós a consideramos ilegal, imoral, e a chamamos de guerra.

As guerras não terminaram desde há milhões de anos. Temos tido guerras continuamente, e ainda as estamos tendo – guerras grandes e pequenas. Nenhum animal, nem mesmo o tigre que consideramos o mais feroz, jamais criou esse tipo de destruição que nós seres humanos criamos. Será que isso vai mudar através de um sistema político, de um outro governo, através das Nações Unidas ou alguma outra organização? Como irá mudar? Se somos o mundo e não mudamos, o mundo não muda! Podemos organizar as coisas ao modo comunista e teremos a violência do comunismo. Ou podemos organizar as coisas ao modo capitalista, e teremos a violência do capitalismo. Mostre-me um lugar onde não haja violência! Como pode não haver, se há violência em cada um de nós?

E nenhum desses sistemas vai resolver o problema. Eles existem apenas para acomodar, para colocar o policial lá para me tornar ordeiro, porque eu não sou ordeiro. Por isso é que eu preciso do sistema, preciso de um policial para criar ordem. Acreditamos que o agente externo trará ordem à sociedade, que sou eu! Mas esta crença não funcionou durante milhares de anos, ou pelo menos até onde saibamos através dos registros históricos. A repressão jamais conseguiu pôr fim a isso. Nem o controle, a organização, esta forma de política, aquela forma de política conseguiram resolvê-lo. E ainda assim, não estamos aprendendo a lição básica de que cada um de nós é responsável. Tal como na ciência podemos dizer que se juntarmos átomos de cálcio, carbono e oxigênio teremos carbonato de cálcio, e poderemos dizer quais serão as propriedades daquele material; é igualmente verdade que se juntarmos indivíduos do tipo que estamos produzindo: egoístas, violentos, ambiciosos, preocupados apenas com o próprio sucesso, falando pouco de amor e compreendendo pouco o que o amor significa, então não existe maneira como possamos ter uma sociedade que seja pacífica, não violenta e ordeira. Este é um fato tão claro quanto o fato científico a respeito de um conjunto de átomos.

E se isso for verdade, então qual é a nossa responsabilidade? Será nossa responsabilidade tornarmo-nos políticos para que estejamos numa posição de poder, e assim possamos afetar e influenciar as coisas? Muitas vezes isso é apresentado como argumento. Frequentemente se diz que as pessoas boas devem participar da política, para que possam chegar ao poder, e então a bondade estará no poder. No momento em que chegamos ao topo, deixamos de ser bons! O que significa que temos de entender nosso relacionamento com o poder. Acredito que foi Shakespeare quem disse: 'O poder corrompe, o poder total corrompe totalmente'. Mas eu questiono. Acredito que isso acontece porque não compreendemos nossa relação com o poder. O poder não consegue corromper-nos, se somos incorruptíveis.

O que vemos no mundo como bondade nasce muitas vezes da inocência. As crianças são inocentes, elas são boas, mas a não ser que essa bondade tenha raízes na compreensão, ela é muito frágil. Um ser humano bom, com muito pouco autoconhecimento, é facilmente corruptível. Peguemos um aldeão na Índia que seja muito bom porque é muito simples, levemo-lo para a cidade e ele se torna corrupto em três meses!

Portanto, parece-me que nossa primeira responsabilidade é compreender a nós mesmos, libertar-nos desta divisão que está dentro de nós, que nos separa do restante do mundo e que afeta todos os nossos relacionamentos. Porque enquanto cada um de nós for assim, nossos governos serão assim, e nossas indústrias serão assim. O que está acontecendo no mundo não é diferente do que está acontecendo dentro de você e de mim. Essa mesma atitude de exploração de tudo é a base de todo nosso relacionamento.

No livro *Krishnamurti to Himself* há um trecho no qual ele diz: 'Se você não tiver qualquer relacionamento com aquela árvore naquela colina distante, não terá qualquer relacionamento com a humanidade'. Para mim, significa que se temos relacionamentos apenas com as coisas que nos interessam, se todos os nossos relacionamentos estão baseados no que podemos extrair deles, então não teremos relacionamento com a humanidade, porque essa perspectiva não é uma perspectiva de amor, é uma perspectiva de exploração. Mas se eu me preocupo com aquela árvore porque ela é uma outra entidade viva, uma parte deste mundo, uma coisa viva e amiga, e eu a respeito e cuido dela, então eu me relaciono com ela, e isso é amor. Não existe propósito nesse amor. Quando há bondade com propósito, não é bondade, é uma avareza fria, calculada, é uma pretensa bondade. Quando você é bom sem qualquer intenção, então você é realmente bom.

Se somos responsáveis pelo mundo, nós cuidamos, não contribuímos para a violência. Mas a única maneira como podemos contribuir para isso é pondo fim à violência, à ganância, ao ego. Não podemos pôr fim à violência pela vontade porque essa vontade é a do ego, mas ao compreendê-la, não condenando-a, familiarizando-nos com suas peculiaridades, vendo como interfere em todo relacionamento, observando-a, podemos libertar nossa consciência da violência. Somente então não contribuímos para o caos no mundo.

A desordem na sociedade humana, inclusive todos os desastres ambientais, não está desligada do nosso estado interior — sua verdadeira fonte jaz nos corações e nas mentes dos homens. Portanto, o fim da desordem torna-se nossa primeira responsabilidade e talvez a única responsabilidade, porque se a desordem termina, tudo o mais se vai — nós não precisamos das Nações Unidas, não precisamos de todos esses controles. Sendo assim, esta não é apenas uma grande afirmação filosófica: 'Você é o mundo'. É um fato que acarreta enorme responsabilidade.

Parte 3

Nosso relacionamento com os seres humanos nossos irmãos

Hoje, vamos examinar nosso relacionamento com o nosso próximo, se somos realmente separados uns dos outros ou se pensamos que somos separados, e porque pensando dessa maneira sentimos que somos separados. Em outras palavras, se a divisão entre as pessoas de diferentes nações é um fato, e se precisamos de algum conceito mais amplo, de uma filosofia superior, de um líder, de um ideal ou de um governo mundial, para nos unir. Será fato que somos desunidos e portanto precisamos de algo ou de alguém para nos unir, ou será fato que não somos verdadeiramente separados e que o sentimento de divisão nasce dessa ilusão? Neste último caso, não precisamos de outra ilusão para nos unir, precisamos apenas pôr fim à ilusão atual! Todos nós parecemos ser diferentes uns dos outros. Somos diferentes na idade, na cor da pele, no conhecimento que temos em nossas cabeças, na habilidade de fazer as coisas. Alguns podem ser mais inteligentes num certo sentido, outros podem parecer obtusos, etc. Mas será que a diferença verdadeiramente cria divisão? Somos separados dos africanos porque eles são pretos e nós somos pardos ou brancos? Será que esse fato da diferença na cor cria divisão? Ou será que nossa mente cria divisão a partir dessa diferença, e então nos sentimos separados porque criamos divisão?

Por definição, aquilo que une é religioso, aquilo que divide não é religioso. Algumas diferenças não parecem criar divisão. Não somos separados pela cor do cabelo, ou pelo fato de que uma pessoa é alta, e a outra é baixa. Não temos esse tipo de divisão, pelo menos ainda não, de pessoas baixas lutando contra pessoas altas! Assim, parece haver algumas áreas onde realmente reconhecemos as diferenças como diferenças, e as vemos pelo que são, e então elas não criam qualquer problema.

Por que não conseguimos ver todas as diferenças dessa maneira? Por que será que certas diferenças criam divisão? Geralmente criamos superioridade ou inferioridade porque abordamos esse fato como um mendigo, pedindo alguma coisa, querendo algo; nós não o abordamos como um amigo. Um amigo não se aproxima de algo para conseguir alguma coisa para si, mas apenas para compartilhar da vida, compartilhar da beleza, da dor ou de qualquer outra coisa — apenas para compartilhar, sem qualquer propósito ulterior. Então não há medição. Não há condenação, não há julgamento. Quando julgamos — condenamos ou admiramos, dando importância ou negligenciando — não apenas vemos uma diferença como diferença, mas afixamos a ela um julgamento de valor. Esse julgamento de valor cria então um sentimento de superioridade ou inferioridade. Mas se conseguimos ver as diferenças apenas como diferenças entre duas árvores, ou o nosso 'eu' e a parede, então isso não divide.

Questiono também se somos realmente tão diferentes quanto imaginamos ser, ou se nossa percepção surge porque olhamos uns para os outros muito superficialmente, sem uma percepção profunda. Biologicamente falando podemos ser noventa e nove por cento semelhantes, mas um por cento pode diferir de um para outro. Buda disse: 'Um ser humano difere de outro somente como uma vela difere de outra; e essa diferença não é mais do que a diferença entre a vela e o que ela era momentos antes!'

Somos diferentes em nossa consciência? Minha memória é diferente da sua. Meu conhecimento é diferente do seu. Mas compartilhamos milhões de anos de uma herança comum da humanidade, e geneticamente não somos tão diferentes. Todos nós temos medos, temos desejos, queremos ser bem-sucedidos e nos sentimos frustrados quando nos deparamos com o fracasso.

Em toda humanidade existe uma tendência de adorar algo além, a que chamamos Deus. A mãe ama seu filho e é apegada a ele da mesma maneira como ocorre no mundo islâmico, no mundo cristão, no mundo hindu, ou em qualquer outro lugar. Todos os seres humanos enfrentam conflitos, sofrem, sentem dor, têm os mesmos sentimentos de desejo – assim, existe muita coisa que é comum nas profundezas de nosso ser. Aquilo em que diferimos é apenas a parte computadorizada de nossa memória, acumulada em nosso cérebro na vida atual desde o nascimento. É o resultado de um acidente de nascimento. Se eu tivesse nascido na Suécia, estaria falando sueco, e provavelmente me vestindo de maneira diferente, parecendo um pouco diferente. Mas no âmago de nosso ser não somos diferentes. Somente o idioma, as experiências particulares de minha vida, os preconceitos culturais ou os complexos psicológicos particulares que eu possa ter adquirido de minha experiência, é que são diferentes dos de um outro ser humano.

A divisão surge da medição? Ou surge porque estamos constantemente medindo — mais alto, mais baixo, superior, inferior, bonito, feio? Sendo assim eu me pergunto, por que eu meço o tempo todo? Será apenas um hábito? Será algo com que fui educado? Será que é tão importante medir? Ou será que a medição só adquire importância porque na sociedade damos enorme importância à medição? Essas questões são fundamentais e devem se respondidas não a partir do passado, não a partir de nosso conhecimento e treinamento, mas através da observação, olhando para o que é.

Tornou-se tremendamente importante em nosso mundo quem consegue saltar um centímetro mais alto do que o outro. Nós organizamos uma Olimpíada, fazemos seres humanos saltar, milhões de pessoas os observam na televisão para ver quem vai saltar um milímetro mais alto! Eu também observo, todos nós observamos. Será realmente tão importante quem consegue saltar um metro e cinquenta e cinco em vez de saltar um metro e cinquenta e quatro centímetros de altura? Então, por que isso se tornou tão importante? As pessoas deixam o trabalho para assistir à televisão, então certamente algumas pessoas acham a televisão mais importante do que seu trabalho. Não será mais importante o ser humano desfrutar daquilo que está fazendo – ao invés de fazer melhor do que outros seres humanos ou buscar vencê-los? Primeiramente dividimos o mundo em nações, depois identificamos o homem com uma nação dizendo: 'Este homem nasceu na minha nação, e ele consegue saltar mais alto do que qualquer homem de qualquer outra nação'. Nós não vemos apenas como se 'Steffi Graf se saísse melhor na partida do que Mônica Seles' – uma jogadora por acaso jogou melhor do que a outra e ganhou. Em vez disso, parece ser uma vitória da Alemanha sobre a Iugoslávia, e toda aquela nação está exultando. Tivemos recentemente o exemplo terrível de um homem que foi morto porque cometeu um erro numa partida de futebol. Quando retornou ao seu país, mataram-no. Assim, o jogo tornou-se uma guerra.

Na raiz disso está a medição e a comparação. Eu quero medir, eu quero ser superior ao outro. Mas somos realmente rivais? Estou em competição com todos vocês? Por que eu não deveria ficar feliz se você vence? Eu jogo uma partida de xadrez com você, você joga melhor do que eu, por isso me derrota. Por que não deveria eu ficar contente por ter acontecido a coisa certa? Por que deveria eu ganhar se não sou melhor jogador que você? O ego diz que tudo de bom deve acontecer comigo – eu devo ser beneficiado, eu devo ganhar! Nós não estamos dizendo: 'Qual é a coisa certa?' Se a coisa certa está acontecendo, eu estou feliz.

E assim, nossa mente funciona como a de um homem de negócios. O homem de negócios está essencialmente buscando lucro. Todas as suas decisões são baseadas no lucro. Nós também estamos vivendo nossas vidas dessa maneira, constantemente calculando para obter lucro, para obter vantagem. Nossas identificações estão também baseadas no lucro. Eu me identifico com aquele grupo de pessoas que me faz sentir seguro, onde me sinto confortável. Esta é também uma atividade egoísta. Onde há medição para se sentir superior, para escolher, para identificar, haverá divisão. Tudo está bem com a medição num laboratório científico. Se queremos construir uma ponte, temos de medir. Portanto não digamos 'Medição é ruim'. Ela tem o seu lugar, mas nós simplesmente a estendemos de modo não inteligente para comparar a nós mesmos com outros seres humanos. Sua mão direita está competindo com a esquerda? Por que não está? Se um mosquito pica-me na mão esquerda e eu coço com a direita, minha mão esquerda nem sequer diz 'Obrigado' para a mão direita. É isso que significa ser um, ser não dividido – não há sequer a necessidade de se dizer obrigado. Em relacionamentos muito íntimos, com nossos parentes, nossa esposa, nossos colegas de trabalho, não existe senso de gratidão. O 'Obrigado', a gratidão, nasce também desse sentimento de ser separado. Não dizemos 'Obrigado' para nós mesmos, a mão direita não precisa dizer 'Obrigado' para a mão esquerda, porque sabemos intuitivamente que as duas são uma, elas são governadas por uma mente.

Será possível que também nós sejamos todos governados por uma mente, mas porque nos identificamos com nosso computador pessoal começamos a nos sentir separados, e pensamos que temos nossa própria mente pessoal? Mas isso é apenas uma possessão, uma possessão mental. Ela existe como parte deste processo na Natureza, este processo misterioso da vida que está seguindo em frente. Quando eu me identifico com isso, chamando-a de minha mente, ela se torna especial, e isso divide. Ela então rivaliza com uma outra entidade identificada e entra em competição com ela. As consequências desta ilusão da separatividade na sociedade é que os países estão explorando uns aos outros e a Natureza. Todos nós concordamos que é errado explorar a Natureza, poluir, mas dizemos: 'Se nós não poluirmos, eles poluirão primeiro e obterão os benefícios; e assim eu devo ir pegar um pedaço do bolo antes que eles o peguem!' Estamos fazendo isso no nível internacional. Nós fazemos oposição a isso na nossa mesa de jantar – quando um homem tenta pegar o bolo sem oferecê-lo a todos os demais nós o consideramos sem educação. Mas todos nós aceitamos esta atitude no nível internacional: competição, rivalidade, egoísmo.

Vejamos um outro exemplo. Alguém organizou a sociedade na Índia dividindo as pessoas em castas, talvez há cinco mil anos. Elas ainda estão lutando para se livrar disso! Existem quatro castas principais, dependendo de sua profissão, de seu nascimento, etc. Ou você é um brâmane, ou um *kshattriya*, ou um *vaishya*, ou um *shudra*. Antigamente a sociedade estava organizada assim. Até mesmo hoje em dia, não conseguimos nos livrar disso. Uma criança na Índia vê que certas pessoas não comem carne e casam-se somente entre aqueles de seu próprio grupo, é o que ela aprende. Ela cresce pertencendo a uma casta particular. Como é que pode o sistema de castas terminar?

A sociedade tem uma inércia, um modo de se perpetuar. Nossos preconceitos perpetuam-se e o 'eu' é apenas um pacote de tais preconceitos. Mas estamos afirmando o 'eu'! Preciso me precaver para não me identificar com o pacote de preconceitos que por acaso esteja nesta cabeça particular que chamo de 'minha cabeça'. Preciso olhar para ela e purificá-la, apagar o que é falso, examiná-la, estudá-la, e para isso obtive uma consciência. O animal não consegue fazer isso. Ele não consegue sair desse condicionamento, porque é genético. Mas nós temos a capacidade de observá-la, aprender a respeito dela e deixar o que é falso para trás. Essa capacidade para ver não nasce deste condicionamento. Não é o cérebro condicionado que vê. Felizmente temos a capacidade de observar tudo isso acontecendo dentro de nós.

Assim, existe uma capacidade na minha consciência para observar a operação do cérebro, o computador que está na minha cabeça, descartar o que é falso e reter o que é verdadeiro. Pode ser esse o verdadeiro propósito da investigação religiosa – descobrir o que é verdadeiro e deixar para trás o que é falso. Nós fazemos isso em ciência. Não aceitamos alguma coisa apenas porque foi Newton quem disse. Nós testamos a coisa, fazemos experiências com ela e se for falsa, dizemos 'Sentimos muito, Newton foi um grande cientista, mas estava enganado'. Por que aceitamos isso no campo da religião? Não existe esse tipo de coisa na ciência praticada na América, na Índia ou na Inglaterra. Não existe matemática nacional separada. Existe apenas uma matemática. Por que existem dez religiões diferentes? Por que não existe essa coisa chamada compreensão da consciência humana? Por que existe uma verdade cristã e uma verdade hindu? Não será a verdade universal? Se isso for verdadeiro, é verdadeiro aqui, na Índia, na América, é verdadeiro para você, é verdadeiro para mim – porque isso é o que de fato é. Não podemos dividir-nos a respeito de um fato porque podemos testá-lo e descobrir se é um fato ou não.

Alguém que se dirige a nós, critica e diz 'Você está pensando errado' pode ser nosso melhor amigo, porque está fazendo-nos olhar para algo que pode não ser verdadeiro. Pode ser verdadeiro, mas pelo menos ele está forçando-nos a examiná-lo. Se consideramos isso um ataque a nós é porque não estamos verdadeiramente interessados na verdade, estamos interessados em apoio. Queremos apoio para o que já preservamos, de modo que nos sintamos bem. Se estamos buscando apoio, não estamos buscando a verdade.

Assim, não aceitemos com facilidade que estamos realmente em busca da verdade, pois a mente pode enganar-se. Ela buscará prazer, buscará satisfação, buscará conforto, e dirá: 'Estou buscando a verdade'. Faz parte da própria natureza do 'eu' ser enganador. A nossa mente está buscando os argumentos que se ajustem a seu caso, ignorando a evidência que existe contra ele. O homem que está em busca da verdade não assume posição, não faz afirmação, não se ancora. Ele está apenas procurando, e desejoso de mudar, se constatar que algo é falso. Podemos ter mantido um ponto de vista durante vinte anos e contudo ele pode ser falso. O dia que vemos que é falso nós o abandonamos. Abandoná-lo assim pode ser o que Krishnamurti quis dizer quando afirmou 'Você deve morrer todos os dias'. Você deve morrer para tudo que acumulou no passado, tudo que é preconceito, tudo que é falso. Você não pode morrer para a verdade, porque a verdade não é questão de sua opinião, ela é o que é. Você pode morrer apenas para aquilo que é falso, que é uma ilusão. Porque quando você vê que algo é falso, desde que seja uma ilusão, ele se dissolve. Isso é a busca religiosa – descobrir cada recesso da mente, colocar um pouco de luz lá, e deixar que as trevas se vão. Esse pode ser também o significado de 'Você tem de ser uma luz para si mesmo'. Somente você pode colocar essa luz lá – nenhum guru, nenhum outro ser humano, nem o seu amigo mais próximo, nem o seu pai pode fazer isso por você. Eles podem lhe dar uma descrição, uma ideia, seus pontos de vista, mas isso não é a mesma coisa que ver a verdade. Nós mesmos temos que ter essa visão. Cada um de nós pode ser muito esclarecido em algumas áreas, mas confusos em outras – nenhum de nós é completamente esclarecido. Ao discutirmos uns com os outros, ao compartilharmos honestamente nossas percepções, ao questionarmos uns aos outros, podemos nos ajudar a clarear essas áreas de trevas. Assim, se a mente vive com essa qualidade religiosa, ela não se separa do próximo. Somos ambos parcialmente cegos, e ambos estamos buscando a luz juntos. Não diga 'Eu sou mais cego do que você'. Essa medição cria divisão. Somos companheiros de investigação, companheiros de peregrinação compartilhando a vida juntos, e esse pode ser o único verdadeiro relacionamento entre um ser humano e outro.

PARTE 4

O relacionamento consigo mesmo

Eu quero enfatizar o fato de que não existe realmente início nem fim para esta investigação. Ela segue em frente não apenas quando nos sentamos para conversar, ou usamos palavras, ou ouvimos uma outra pessoa, mas também quando estamos sós com a Natureza, quando estamos silenciosamente refletindo em nossas próprias mentes, ou observando nós mesmos a trabalhar em nossa vida diária. É extremamente importante que exercitemos este tipo de investigação verbal. Afinal, seu propósito é ir além das palavras, além do conhecimento, além do pensamento.

O que é importante é ver, por nós mesmos, a situação ou condição em que nos encontramos, qualquer que seja ela. Se todos nós compartilhamos a mesma consciência, então quando compreendemos a nós mesmos, compreendemos também a humanidade.

Hoje eu gostaria de investigar qual é o nosso relacionamento com nós mesmos. Afinal, eu sou o resultado de um passado de milhões de anos, e não sou o que decido ser. Não sei nem mesmo quem sou. Consigo ver que tenho memória, tenho este corpo com o qual me identifico; mas realmente não tenho certeza se isso é tudo que existe em mim, porque existe também esta capacidade de estar perceptivo de tudo isso. Um computador não está perceptivo de si mesmo. Computadores têm apenas a memória e as relações que surgem dessa memória quando pressionamos a tecla certa. Para o meu cérebro, o pressionar a tecla certa ocorre quando vejo ou ouço alguma coisa. Esse é o dado de entrada, e ele também lança uma resposta. Mas além desta reação do meu computador, que identifico como sendo 'eu', existe também a percepção de todo esse processo que está acontecendo, uma capacidade que o computador não tem.

Assim, qual é o meu relacionamento com esta entidade, com este computador particular que me foi entregue quando nasci? Posso aproximar-me dele como amigo? Posso também ser amigo de mim mesmo? Afinal, se alguém me dá um computador, eu começo a brincar com ele, aprendo a respeito dele, uso-o quando ele é útil e o ponho de lado quando não é útil. Será que é esta a maneira certa de lidar com este computador também? Neste computador está incluída toda a minha programação genética. Eu não distingo entre as reações que surgem da memória atual e as da memória de milhares de anos — tudo isso está armazenado lá e não posso desejar que desapareça, não posso eliminar essa memória. Ela existe como minha companheira constante ao longo de toda a vida. Se eu tivesse um amigo que fosse estar comigo o tempo todo e eu *não* tivesse a opção de viver sem ele, eu precisaria entendê-lo e conhecê-lo? Obviamente eu não quero julgá-lo, não quero apegar-me a ele, nem quero ignorá-lo — ele é meu amigo!

O que fazemos quando temos um filho? Não podemos fugir do filho, é nosso filho, somos responsáveis por ele, e realmente não o conhecemos. Podemos tê-lo gerado, mas de fato não o compreendemos. Nós o observamos, o modo como brinca, do que gosta, do que não gosta, que ilusões tem na mente, suas imaginações, seus brinquedos, suas dores — nós tentamos compreender nosso filho. Por que não nos acercamos de nós mesmos dessa maneira, como um amigo, como alguém a quem realmente amamos? Certamente que devemos ter certeza quanto ao que queremos dizer com amizade. Não significa "encostar-se"; amizade não significa 'eu concordo com você', significa compartilhar – compartilhar a vida, as preocupações, as afeições.

Se um cientista deseja entender como vive um peixe, ele o observa. Ele estuda cuidadosamente o modo como ele dorme, como se reproduz, como se move, como come – ele observa tudo a respeito do peixe. Podemos observar a nós mesmos dessa maneira?

Um homem de negócios que esteja querendo construir uma fábrica e ser bem-sucedido em sua missão, pode frustrar-se, desistir de tudo, renunciar à sua riqueza, filiar-se a uma igreja, vestir o hábito amarelo e então dar início a uma busca religiosa. Pensamos que essa é uma enorme mudança porque externamente ele estava antes trabalhando com dinheiro, vestia roupas finas e dirigia um Mercedes, e agora veste este hábito amarelo, vive com poucas coisas, está pensando em Deus em vez de pensar em dinheiro – mas ainda é uma mudança externa, uma mudança periférica. Dissemos anteriormente que a verdadeira mudança ocorre na consciência do homem. Se ele estava trabalhando ambiciosamente em seu ramo de negócio e agora está ambiciosamente trabalhando em seu esforço religioso, ele ainda é ambicioso. Internamente, em sua consciência, ele ainda está abordando o trabalho como uma realização; assim, para mim ele ainda continua ambicioso, mudou apenas o objeto de seu interesse. Antes ele desejava algo, agora deseja uma outra coisa, mas o desejo ainda está operando. Os esforços na periferia jamais nos levarão ao centro. Mas se a mudança ocorre no centro, ela afetará toda a periferia porque afeta todo o modo como olhamos para a sociedade e para todos os seres humanos, e também o modo como olhamos para nós mesmos. Então existe uma verdadeira transformação.

Não podemos definir o que é certo e errado em termos de ação. A mesma ação pode ser certa ou errada, dependendo de que estado de mente ela emana, o motivo, ou o propósito por trás dela. E ninguém mais sabe o motivo ou o propósito senão você mesmo. Somente eu posso observar os meus motivos, ninguém mais sabe os meus motivos, ninguém mais pode julgar. Podemos especular, podemos atribuir motivos às ações de outras pessoas e dizer 'É por esta razão que ele está fazendo isto', mas estamos apenas adivinhando, jamais poderemos ter certeza. No *Bhagavad-Gita*, Arjuna pergunta a Krishna: 'Que tipo de homem é este, o homem liberto? Como ele vive, como trabalha? O que ele come? Como você o conhece?' E Krishna diz: 'Você não consegue conhecê-lo observando suas ações. Ele faz as mesmas coisas que faz o homem comum, mas é totalmente diferente porque ele não as faz pelas mesmas razões'.

Sendo assim, não existe problema com a ação em si. O problema não é se lemos a *Bíblia* ou não, mas o modo como abordamos a *Bíblia*. O problema não é se eu vou à igreja ou não, mas como eu me acerco da igreja. Será que eu crio muitas ilusões a respeito dela, imagino que se for àquela igreja e lá permanecer de pé vou me tornar mais virtuoso, mais religioso? Os hindus têm a crença ou a superstição de que ao se banharem no Ganges seus pecados serão lavados pela água! O fato de se banharem em algum rio de manhã cedo pode ser tão verdadeiramente religioso quanto se banharem no Ganges, quando aborda o fato como uma mente religiosa. A ilusão é o único erro. Nenhuma ação em si é um pecado.

A minha mente cria ilusão e eu sei disso. Sei também que todos nós compartilhamos a mesma mente, que todo ser humano tem esta capacidade de criar ilusões. Isso significa que eu tenho de eliminar a faculdade de imaginação? Certamente que não. Toda faculdade que tenha sido dada pela Natureza, que seja parte da ordem da Natureza, é valiosa. Mas eu não sei para que serve. Para descobrir eu devo expor todo o mecanismo do 'eu'. Os budistas dizem 'O desejo é a causa de toda dor e aflição', e por isso querem eliminar o desejo. Se eu olho para algo belo, posso desejar possuí-lo. Isso significa que devo tornar-me insensível e evitar tudo que é belo? É como matar a vida, e assim eu não aceito isso. Ao mesmo tempo eu verdadeiramente não compreendo o que fazer com esta faculdade de imaginação.

Se eu noto que tenho um desejo, o que adianta dizer 'Ele deve surgir, ele não deve surgir – é um desejo certo, é um desejo errado?' O desejo torna-se um problema porque eu me identifico com ele? Ele então se transforma no 'meu' desejo, e o propósito e o objetivo da vida tornam-se a realização desse desejo. Como descobrir então até que ponto o desejo é natural, uma parte da ordem cósmica, e quando ele se torna uma obsessão, um vício? Que guru, que amigo vai me dizer quais são os limites? Quem vai me dar a fórmula que me diz até onde ele é certo e quando é perigoso? Ninguém pode dizer-nos quando o desejo é certo e quando não é. Não podemos medi-lo, não podemos traçar linhas, não é como a matemática. Assim, não há fórmula, não há caminho.

Similarmente, existe medo em minha consciência. Será o medo mau ou bom? A questão pode surgir a partir do meu próprio desejo de classificar as coisas. A vida pode não ser classificável. Para efeito de conversação, para a conveniência ao falar, temos de classificar, mas fundamentalmente, por que impor categorias? Quanto desse medo é normal, saudável, parte da ordem cósmica, e quando ele se torna neurótico, cria conflito, envolve o 'eu'? Essa clareza, devemos descobrir por nós mesmos. Ninguém mais pode dar-nos a resposta.

É como um trabalho de casa que o professor passa na escola – temos de fazê-lo. Quando ninguém pode dar-nos a solução temos nós mesmos que labutar para achá-la, o que significa que temos de examiná-la, viver com esse medo, brincar com ele, cometer erros, aprender através de nossa própria observação. Como posso descobrir se o que surge neste computador chamado cérebro é a verdade ou não, senão através da observação?

Assim, conseguiremos estudar esse computador

como nosso animalzinho de estimação, como nosso filho – sem nos zangarmos com ele, sem condená-lo, sem qualquer preocupação quanto à culpa ou vergonha, etc.? Esses são apenas outros problemas que criamos para nós mesmos. O único problema é entender o funcionamento deste computador. E o meu computador não é muito diferente do seu. Portanto, se eu compreendo o meu computador, compreendo todos os computadores humanos. O objeto do meu medo pode ser diferente – eu posso ter medo do escuro, você pode ter medo da morte, uma terceira pessoa pode ter medo de perder suas propriedades – mas o medo é comum a todos nós. O que importa aquilo com que ele está relacionado? Esse é apenas o problema específico de um indivíduo particular, mas o medo é um problema comum a todos nós e é isso que estamos tentando compreender.

Pode ser isso o que Krishnamurti quis dizer quando afirmou 'Arrume sua casa' – a casa interior. O que significa encontrar o lugar certo para tudo: pensamento, imaginação, desejo, sexo, dinheiro, trabalho. Sem descobrir o lugar certo, pouco valor tem aceitar uma fórmula dada por uma outra pessoa. Para uma mente que está buscando a verdade, todos esses programas têm muito pouco valor, quer estejam em sua cabeça ou na minha, pouca diferença faz.

Podemos não saber qual é o lugar certo de tudo, mas temos um modo de saber quando as coisas estão no lugar errado. Alguma coisa que esteja no lugar errado criará divisão, criará conflito, seja com outra pessoa ou dentro de nós mesmos. 'Eu sou isto, eu devo ser aquilo' – esse é um conflito entre o que eu sou e o que eu quero ser. Assim, eu tenho um modo de detectar a desordem. Mas não tenho um modo de saber o que é ordem. A ordem jaz no desconhecido, e é isso que eu estou tentando descobrir. Mas se tenho um modo de descobrir o que é a desordem, então posso examinar toda a desordem, aprender com ela, e eliminá-la. Toda desordem origina-se da ilusão, sendo a ilusão algo que coloquei no lugar errado em minha mente. A coisa não é bem assim, mas eu a construí em minha imaginação e acredito que é. Pode haver ilusões sutis e deve haver ilusões grosseiras tais como as crenças. Então, pode haver ilusões ainda mais grosseiras como as superstições.

Algumas ilusões podem desaparecer mesmo através do conhecimento, da investigação intelectual. Por meio do estudo da ciência as superstições podem desaparecer, mas em nossa mente existem muitas ilusões mais sutis. Finalmente eu sequer tenho certeza se o próprio 'eu', que estou estudando, não é uma ilusão. Eu posso estudá-lo porque ele opera dentro de mim. Posso olhar para ele, já que estou o tempo todo com ele. Em cada relacionamento ele está se revelando. Mas eu o estudo, quero aprender sobre ele? Ou será ele o meu senhor, ordenando o que eu devo fazer? Então eu não o estou estudando, seguindo-o – ele se torna meu senhor, e eu o escravo.

Podemos estudar a respeito do 'eu' lendo livros de psicologia. Eles nos dirão como surgem os vários complexos. Pelo fato de o ser humano ter medo de estar só ele cria relacionamentos para escapar da solidão. Pelo fato de o ser humano ter medo de não ser ninguém, ele quer ser importante, quer posição, quer ser alguém. Pelo fato de se sentir inseguro a respeito do seu futuro, ele quer acumular riqueza, propriedade, uma casa. O conhecimento pode dizer-nos tudo isso, mas ele nos liberta? Conhecemos todas as causas e conhecemos todos os efeitos. Ainda assim temos medo, insegurança, solidão. Portanto, o conhecimento não basta. É por isso que a investigação religiosa é tão importante – ir além do conhecimento, além das palavras, verdadeiramente ver por si mesmo. Não através de pensamentos, não através de ideias, não através da lógica, mas através da percepção direta. A clareza é que é importante, não o conhecimento. Temos de encontrar essa clareza, ou essa inteligência, ou esse *insight*, ou essa percepção direta — chame-a do que quiser, mas ela está além das palavras. Descobrir o que é verdadeiro e não apenas as explicações — esse pode ser o verdadeiro propósito de nossa consciência. Talvez esta consciência tenha sido dada a nós, não para realizar todos os nossos desejos e ambições, e viver por meio de todas as reações do 'eu', mas para estudarmos e examinarmos tudo isso, e escaparmos de nós mesmos. O 'eu' jamais vai escapar de si mesmo! Assim, quem escapa? Eu não sei. A única maneira de saber é deixar acontecer.

Parte 5

Perguntas e respostas

P: Qual é a causa básica para a identificação com o corpo e a mente, que cria o ego, que nos separa do restante do mundo, e depois afeta todos os nossos relacionamentos?

P. Krishna: Se observarmos uma criança pequena, então poderemos observar como, à medida que cresce, o senso de 'eu' se desenvolve. O que quer que aconteça à criança aconteceu conosco, porque não somos diferentes dela. Cientistas e psicólogos dizem-nos que a criança, no momento do nascimento, não tem este sentimento de autoconsciência. Não se sente separada do restante do mundo, e sequer sabe que seus braços são seus. A criança muito pequena às vezes fica chateada com a mamãe porque sente dor de cabeça, e a mãe nada sabe a respeito. A criança não sabe que sua mãe não tem como saber, a não ser que lhe diga! Assim, o senso de 'eu' não está inerentemente lá desde o nascimento; é algo que adquirimos ao longo do caminho. Acredito que inicia no momento em que a criança começa a ter o senso de que quando cai sente dor, mas seu irmão ou sua mãe não sente! Ela começa a sentir que seu corpo é separado – o que é um fato. Vem a preocupação com a 'minha' dor e com o 'meu' prazer, e com a tendência natural de buscar o prazer e evitar a dor. Então o cérebro põe em movimento um agente discriminador que está buscando o prazer, evitando a dor, prevendo o que vai acontecer, etc.

Não acredito que consigamos educar uma criança sem que ela desenvolva um ego. Não conseguimos educar a criança sem que ela não tenha qualquer condicionamento. Basicamente o cérebro está registrando o que quer que a criança esteja experienciando – quando ela luta, quando lê o jornal, quando ouve seu pai falando, ou quando assiste à televisão – tudo isso condiciona seu cérebro. Desse condicionamento surgem a identificação, as preferências, a censura, o julgamento, os gostos e as aversões, e tudo que entra na constituição do ego. Portanto, aceitamos que não existe alternativa senão viver com esse ego. Assim, quando o ego é magoado, desenvolvemos mecanismos para consolação – usamos nossos relacionamentos para nos consolar. Toda vez que sou magoado, preciso que alguém me console, e assim apego-me a uma pessoa. Desse modo, desenvolve-se o eu e o meu, e todo o tumulto tem início.

A identificação começa quando eu sinto medo, quando me sinto inseguro, e por isso gosto de pertencer a uma comunidade, a uma nação, sinto que elas me protegerão. Mas a longo prazo podemos ver que é exatamente isso que o homem numa outra comunidade, numa outra nação, também está fazendo — ele também está se identificando com sua nação, com sua religião, pelas mesmas razões que eu estou identificando-me com a minha, e então por ignorarmos isso, lutamos e nos destruímos. E, paradoxalmente, este fenômeno está realmente criando grande insegurança no mundo.

Então surge um homem como Krishnamurti que diz, Senhor, olhe para isto, você não tem que viver desta maneira, é estúpido viver desta maneira, isto não está resolvendo o problema. Podemos ter adquirido tudo isso na infância, mas também temos a capacidade, a inteligência, para examiná-lo e eliminá-lo. Mas não olhamos para isso, estamos o tempo todo interessados em evitar a dor, tanto psicológica quanto física, e em cultivar o prazer. Assim, nós não compreendemos o mecanismo absolutamente. Temos desejo e buscamos sua realização, mas jamais compreendemos o desejo. Nós dizemos, 'Este é um desejo nobre, aquele é um desejo ignóbil. Estes são bons hábitos, aqueles são maus hábitos'. Mas jamais questionamos o hábito em si, nem compreendemos o que ele venha a ser. Nós desaprovamos quando o desejo é por álcool, e o consideramos muito nobre quando é ambição por algum trabalho que estamos realizando. Assim, nós simplesmente o categorizamos como bom hábito, mau hábito, desejo nobre, desejo ignóbil.

Krishnamurti disse: 'Está tudo muito bem, mas é superficial demais. Olhe para o próprio desejo, o que ele faz'. Você tem de compreender o desejo. O desejo tem suas próprias consequências, muito embora possa não ser para uma finalidade nobre. Mas não compreendemos isso, e assim continuamos brincando de escolher entre um desejo e outro. Não entendemos de fato nossa consciência, e enquanto isso continua, podemos continuar brincando na periferia, e isso será como criar bolhas de sabão com uma mão e destruí-las com a outra. Não é um modo particularmente inteligente de se passar o tempo!

Assim, temos de nos acercar desse problema. Atualmente não estamos agindo assim. Aliás, estamos explorando o ego da criança para coagi-la a fazer o que queremos que ela faça. Nós dizemos: 'Se você se sair bem em matemática, lhe darei chocolates'. Ao lançarmos mão de recompensa e castigo, atraímos seu ego. Não estamos tentando mostrar-lhe a beleza da matemática, o prazer de aprendê-la, estamos induzindo-a a fazer algo por recompensa. E assim criamos seres humanos que só são energizados quando há uma vantagem. Quando ela cresce está sempre perguntando: 'Qual a finalidade de eu fazer isto, o que eu vou ganhar com isto?' Se não vai ganhar nada, ela murcha. Mas nós balançamos uma recompensa em frente a ela e ela fica totalmente energizada. A energia só é gerada quando seu autointeresse está envolvido. Supomos que se não há ego, não há eu, então não haverá energia, não haverá ambição. Assim temos a energia do ego e temos as guerras também! Não podemos ter uma sem a outra. É tão absurdo quanto querer que um objeto ao sol não projete sombra!

P: Tenho uma pergunta sobre energia. Quando eu me observo e faço julgamentos, descubro que ao final fico exausto. Existe uma maneira de não formar opiniões e de não fazer julgamentos, conservando assim a energia?

P. Krishna: Sabe, parece-nos que o homem ambicioso é terrivelmente energético porque está apaixonadamente trabalhando em sua missão. Mas onde há ambição há violência, há atrito, conflito. Onde há conflito há também perda de energia. Todos nós nos energizamos por um propósito particular. Em época de guerra, quando todos nós sentimos que é importante nossa nação vencer, veja-se a quantidade de energia que somos capazes de acumular. Toda essa energia está aí, disponível. Mas a mente a invoca quando tem uma causa como essa diante de si. Quando não somos inteligentes nós a despendemos em causas estúpidas como a guerra, ou em lutas com nosso próximo, criamos tensão num relacionamento, etc. Mas se somos inteligentes, toda essa energia está disponível para a alegria, para viver com felicidade, para explorar – ela não tem de ser gasta numa batalha, quer a batalha seja numa guerra ou com um colega de trabalho com quem se está competindo no escritório – é tudo a mesma coisa, é violência.

E assim, estamos familiarizados com a energia que é usada pelo eu, mas jamais descobrimos se é possível ter a mesma energia sem o 'eu'. Certamente que é possível. Na verdade, não somos sempre egocêntricos. Há momentos quando o 'eu' está ausente, mas não damos importância a esses momentos porque estamos tão assoberbados com as atividades do 'eu' que nossa atenção está focada nele. Quando fazemos alguma coisa que seja apenas por amor, ela é tratada como algo subsidiário, como um *hobby*. Muitas vezes não estamos perceptivos disso, mas certamente que temos essa capacidade. O *Bhagavad-Gitā*[1] propõe a seguinte pergunta: 'Você consegue trabalhar como um homem ambicioso sem ser ambicioso?' Não conseguimos responder a esse desafio em cinco mil anos!

P: Não será a energia mental diferente da física? Eu posso ter muita energia física, mas muito pouca energia mental. Essa parece ser um outro tipo de energia.

P. Krishna: Senhor, a energia é algo muito engraçado. Quando você está cansado, sentindo-se com pouca energia, se um tigre caminhar pela porta adentro você encontrará energia. Correrá como se tivesse toda a energia do mundo. O sistema humano

1 Editora Teosófica, Brasília, 2010. (N.E.)

tem essa capacidade, a adrenalina é secretada, todo o corpo é energizado para aquele propósito particular e imediatamente a energia aparece. Assim, a energia não está lá quando a mente está desinteressada, muitas vezes porque ela não vê recompensa.

Krishnamurti disse: 'Senhor, você consegue viver com essa energia independentemente de recompensa – em tudo que faz?' Polir nossos sapatos dessa maneira, com entusiasmo, com prazer, superar-nos no que estamos fazendo – tomarmos banho dessa maneira, caminharmos dessa maneira, conversarmos com os amigos dessa maneira. A mesma energia que está aí quando vamos duplicar nosso salário pode estar aí quando estamos fazendo tudo isso sem querer nada em troca. Mas se dizemos 'aquilo é importante, isto não é importante', então ela não vem. Nossa mente criou o que é importante e o que não é importante, e estamos treinando nossos filhos a fazer o mesmo. Observe se a criança não é assim? Ela brinca com um amigo e tem uma energia tremenda sem motivos. Então o adulto lhe diz, 'Vamos, você está perdendo tempo, faça isto'. Ela descobre que existe algo chamado perda de tempo – quando está se divertindo está perdendo tempo! E assim somos treinados na cultura da não diversão, que é a cultura da realização. Gostamos não do fazer, mas apenas da realização. Isto quer dizer que não estamos vivendo criativamente. Um pintor que adora pintar gosta de fazê-lo, independentemente se o quadro será vendido ou não. Krishnamurti está perguntando-nos se podemos viver dessa maneira — a partir do coração, e não da mente, pois a mente está sempre medindo, calculando o que é vantajoso e o que não é.

P: Krishnamurti assinalou que a verdadeira crise está na consciência do homem, não está na sociedade. Mas descobrimos que a situação na sociedade está deteriorando dia a dia. O que o senhor pode dizer a respeito?

P. Krishna: Podemos dizer apenas que fomos advertidos. Não poderemos dizer depois que não sabíamos, porque Krishnamurti assinalou que se continuássemos assim, sem assumir responsabilidade por nós mesmos, trabalhando apenas na periferia, tentando resolver os problemas externamente, então jamais seríamos bem-sucedidos. Enquanto isso ciência e tecnologia estão se tornando cada vez mais poderosas, e assim a manifestação da violência em nós adquiriu agora a capacidade de dizimar um milhão de pessoas com apenas uma bomba. Não é tanto que a violência tenha crescido em nossas mentes, mas sua manifestação externa cresceu dez mil vezes. E assim estamos agora numa crise muito maior. A crise interior em nossa consciência não é menor, mas a crise exterior na sociedade é muito maior e não nos resta muito tempo. Portanto, existe agora uma maior urgência para que ocorra a transformação interior.

Se você me perguntar o que vai acontecer, eu não posso predizer porque não sou astrólogo, mas a violência está crescendo década após década. Não podemos dizer quando irá se transformar na terceira guerra mundial – pode não se manifestar nos próximos vinte anos, ou pode ocorrer em breve, mas o potencial para ela está aí porque estamos constantemente a alimentá-la. Pensamos que são os políticos que criam a guerra. Esse pode ser apenas o mecanismo que vai precipitar. O verdadeiro problema está nos corações e nas mentes dos homens – a divisão, o ódio entre os povos. A verdadeira questão não é o precipitar, a questão é por que acumulamos TNT? Tendo feito isso estamos agora ocupados evitando a centelha que pode acender o pavio! Esta é a condição em que estamos vivendo continuamente, e não estamos opondo-nos ao TNT, estamos fazendo objeção apenas à centelha. Certamente que este não é um modo inteligente de se viver. O ódio nos corações não irá desaparecer apenas com o desejo. É preciso muito autoconhecimento para pôr fim a ele. Esta é a nossa tarefa mais importante.

Informações sobre Teosofia e o Caminho Espiritual podem ser obtidas na Sociedade Teosófica no Brasil no seguinte endereço: SGAS - Quadra 603, Conj. E, s/nº, CEP 70.200-630 Brasília, DF. O telefone é (61) 3226-0662. Também podem ser feitos contatos pelo telefax (61) 3226-3703 ou e-mail: st@sociedadeteosofica.org.br - www.sociedadeteosofica.org.br.